Curso

SE05

La diferencia entre aprobar
y sacar plaza

Técnico/a Especialista en Anatomía Patológica

SERVICIO CANARIO DE SALUD

Si aún no dispones de tu **Curso MAD360**, te ofrecemos un acceso GRATIS de 30 días para que disfrutes de los siguientes recursos:

- Técnicas de Memoria 360.
- MADTEST: Test *online* Nivel PRO.
- Temario en formato digital.
- Planificación de estudio.
- Foro entre opositores hasta la fecha del examen.*
- Recursos y novedades exclusivas.
- Consúltanos sobre tu oposición y proceso selectivo.
- Actualizaciones legislativas (Boletines Oficiales) hasta 60 días antes de la fecha del examen.*

Para acceder a esta prueba del Curso MAD360** será necesaria la compra de todos los libros para esta especialidad de la edición 2025.

Regístrate en **mad.es/iniciar-sesion** y en la pestaña MIS CURSOS valida los códigos que encuentras en la última página de tus libros.

NOTA IMPORTANTE:

* Examen de esta categoría profesional correspondiente a la convocatoria publicada en el BOC n.º 116, de 13 de junio de 2025, o hasta el 30 de noviembre de 2026, lo que se cumpla antes, y previa renovación del servicio.

** El acceso al CURSO MAD360 estará disponible desde noviembre de 2025 (algunos recursos podrían estar disponibles en fecha posterior). Tendrá una duración de 30 días RENOVABLES mediante pago, desde la validación de códigos, o hasta el 31 de mayo de 2027, lo que se cumpla antes.

MAD se reserva el derecho a ampliar dichas fechas.

Técnico/a Especialista en Anatomía Patológica del Servicio Canario de Salud

Noviembre, 2025

Técnico/a Especialista en Anatomía Patológica del Servicio Canario de Salud

Test del temario

Autores

FRANCISCO JESÚS TORRES FONSECA
Licenciado en Derecho

M. ª JOSÉ GARCÍA BERMEJO
Licenciada en Biología

EDELMIRA BELSO SÁNCHEZ
Técnico Especialista en Anatomía Patológica

MIGUEL TRIGUEROS MATEO
Patólogo

© 7 Editores Recursos para la Cualificación Profesional y el Empleo, S.L. (7 Editores)
© Los autores
Primera edición, noviembre 2025 (234 páginas)
Derechos de edición reservados a favor de 7 Editores
IMPRESO EN ESPAÑA
Diseño Portada: 7 Editores
Edita: 7 Editores
Avda. San Francisco Javier, 9 · Edificio Sevilla 2 · Planta 11 · Módulos 25-27 · 41018 Sevilla
Teléfono: 954 784 411 · WEB: www.mad.es · e-mail: administracion@7editores.com
ISBN: 979-13-702-8194-6
© "Editorial Mad" y "Eduforma" son nombres comerciales registrados de
7 Editores Recursos para la Cualificación Profesional y el Empleo, S.L.

Índice

Test n.º 1. La Constitución española: Derechos y Deberes fundamentales de los españoles. El derecho a la protección de la salud en la Constitución española y en la Ley 14/1986, de 25 de abril, General de Sanidad 11

Test n.º 2. Estatuto de Autonomía de Canarias: Derechos, deberes y principios rectores 17

Test n.º 3. Ley 31/1995, de 8 de noviembre de Prevención de Riesgos Laborales: Derechos y obligaciones 23

Test n.º 4. Epidemiología y método epidemiológico. Epidemiología de las enfermedades transmisibles. Infección nosocomial: barreras higiénicas. Consecuencias de las infecciones nosocomiales. Gestión de residuos sanitarios: clasificación, transporte, eliminación y tratamiento 31

Test n.º 5. Asepsia y esterilización. Concepto de sepsis, antisepsis, esterilización y desin-fección. Manejo de materiales estériles 37

Test n.º 6. Laboratorio de anatomía patológica. Riesgo en el uso de sustancias químicas. Efectos tóxicos de los disolventes orgánicos 43

Test n.º 7. Documentación sanitaria que maneja el Técnico Especialista. Tipos de documentos y criterios de cumplimentación. Circulación de la información. Métodos de circulación de la información 49

Test n.º 8. Calidad en el Sistema Nacional de Salud. Evaluación de la calidad: estructura, proceso y resultado aplicados a la Unidad/Servicio de Anatomía Patológica. Sistemas de control de calidad internos y externos 55

Test n.º 9. Introducción a la histotecnología aplicada al laboratorio de anatomía patológica: funciones de los Técnicos especialistas en anatomía patológica. Concepto y objeto de la histotecnología. Conceptos de biopsia y pieza quirúrgica. Conceptos de preparación histológica 61

Test n.º 10. Técnicas generales de autopsia y estudio macroscópico. Las salas de autopsia y macroscopia. Funciones del Técnico Especialista en anatomía patológica en relación con las autopsias y los estudios macroscópicos 67

Test n.º 11. Fundamentos generales sobre procesamiento histológico de los tejidos. Equipación general de un laboratorio de anatomía patológica. Tratamiento de los cortes previo y posterior a la coloración 73

Test n.º 12. Operaciones físico-químicas básicas en el laboratorio de anatomía patológica/citología: preparación de disoluciones y tampones 79

Test n.º 13. Fundamentos del proceso de fijación tisular: principios generales de la fijación tisular. Tipos de fijación. Clases de agentes fijadores según su mecanismo de actuación. Fijación en microscopia electrónica. Reglas generales a observar en el empleo de líquidos fijadores....   85

Test n.º 14. Descalcificación y reblandecimiento tisular. Soluciones descalcificantes más utilizadas. Aceleración del proceso de descalcificación química mediante ultrasonidos. Descalcificación electrolítica......................   91

Test n.º 15. Métodos y técnicas de inclusión: deshidratación. Infiltración en parafina. Otros métodos de inclusión (gelatina, celoidina, resinas plásticas). La inclusión en microscopia electrónica   97

Test n.º 16. Realización de los bloques y orientación de los especímenes. Consideraciones generales. Estructuras tubulares. Superficies epiteliales. Fragmentos grandes. Fragmentos múltiples. Estructuras quísticas. Realización de los bloques en microscopia electrónica...   103

Test n.º 17. Micrótomos y técnicas de corte de los tejidos. Concepto y tipos de micrótomos. Técnica de corte sobre bloques de parafina. Técnica de corte en el criostato. Técnicas de corte en microscopia electrónica   109

Test n.º 18. El microscopio óptico simple y compuesto. Reglas generales para el uso del microscopio. Concepto, descripción y funcionamiento del microscopio electrónico de transmisión   115

Test n.º 19. Fundamentos generales de coloración. Coloraciones nucleares. Colorantes citoplasmáticos. Coloraciones de conjunto   121

Test n.º 20. Coloraciones para tejido conjuntivo. Técnicas de impregnación argéntica   127

Test n.º 21. Técnicas de coloración para la identificación de distintos tipos de sustancias: grasas, glucógeno, mucina, fibrina y amiloide   133

Test n.º 22. Coloraciones para hidratos de carbono o glúcidos: Glucógeno, mucosustancias neutras y ácidas, sialomucinas y mucosustancias sulfatadas, mucosacáridos ácidos y condromucinas   139

Test n.º 23. Coloraciones para ácidos nucleicos. Métodos para la identificación y tinción de pigmentos e iones metálicos   145

Test n.º 24. Métodos para la detección de microorganismos: bacterias, ácido alcohol resistente, espiroquetas, hongos, virus de la hepatitis   151

Test n.º 25. Técnicas inmunohistoquímicas y diagnóstico molecular. Recogida y preparación del tejido   157

Test n.º 26. Introducción a la citopatología. Equipación general de una sección de citopatología. Funciones de los citotecnólogos 163

Test n.º 27. Tipos de muestras en citopatología: exfoliativa, por punción aspiración con aguja fina (PAAF), de líquidos y secreciones, etc. Generalidades sobre la obtención, pre-fijación y envío de dichas muestras 169

Test n.º 28. Procesamiento general del material citopatológico: extensión de esputos y aspirados bronquiales, liquidos diversos, lavados bronquiales y gástricos, punción aspiración con aguja fina (P.A.A.F.). Fijación 175

Test n.º 29. Coloraciones para estudios citológicos. Métodos de coloración más importantes: coloración de Papanicolaou, de May-Grünwald-Giemsa, de Diff- Quik 181

Test n.º 30. Aspectos básicos de citodiagnóstico. Estructura fundamental de la célula. Generalidades sobre núcleo y citoplasma. Citodiagnóstico de la inflamación tisular. Criterios citológicos de malignidad celular 187

Test n.º 31. Citología del aparato genital femenino. Citología cervical. Citología de la vulva y vagina. Citología del endometrio................................... 193

Test n.º 32. Citopatología funcional ginecológica: Influencias normales. Ciclo menstrual. Alteraciones 199

Test n.º 33. Citolopatología ginecológica infeccioso-inflamatoria. Citopatología ginecológica neoplásica. Sistema Bethesda................................ 205

Test n.º 34. Citología clínica: citología exfoliativa del aparato respiratorio, del aparato digestivo, de los derrames, de orina y de otras localizaciones .. 211

Test n.º 35. Histología, citología y citopatología de mama, tiroides, ganglio linfático, partes blandas, obtenidas por punción y aspiración con aguja fina (PAAF).. 217

Test n.º 36. Técnicas especiales en citología. La inmunocitoquímica en citología diagnóstica. Citometría de flujo. Técnicas de diagnóstico molecular. Métodos de citometría digital y análisis de imagen 223

Test n.º 37. La fotografía en anatomía patológica. Fotografía macroscópica y microfotografía (óptica, fluorescencia, la microfotografía en microscopía electrónica).. 229

La Constitución española: Derechos y Deberes fundamentales de los españoles. El derecho a la protección de la salud en la Constitución española y en la Ley 14/1986, de 25 de abril, General de Sanidad

1. ¿En qué se fundamenta la Constitución Española?

a) En un Estado social y democrático de Derecho.
b) En la indisoluble unidad de la Nación española.
c) En la independencia de los poderes del Estado.
d) En la organización territorial del Estado.

2. Según el artículo 3 de la CE, el castellano es la lengua oficial del Estado y todos los españoles:

a) Tienen el deber de usar y el derecho de conocer el castellano.
b) Tienen el derecho y el deber de conocer el castellano.
c) Tienen el deber de conocer y el derecho de usar el castellano.
d) Tienen el derecho de conocer y usar el castellano.

3. La Constitución Española reconoce y garantiza el derecho a la autonomía:

a) De las nacionalidades que la integran.
b) De las regiones que la integran.
c) De las Comunidades Autónomas que la integran.
d) De las nacionalidades y regiones que la integran.

4. El Preámbulo de la Constitución:

a) Tiene en sí carácter de norma jurídica.
b) Es una declaración de intenciones, destinada a interpretar lo que se quiere alcanzar con el contenido normativo de la Constitución.
c) Se trata de un texto sin fuerza jurídica de obligar.
d) Las respuestas b) y c) son correctas.

5. Señala la afirmación correcta, respecto de la aprobación, ratificación y publicación de la Constitución Española:

a) Aprobada por las Cortes el 31 de octubre de 1978, ratificada por el pueblo en referéndum el 6 de diciembre de 1978 y publicada el 29 de diciembre de 1978.
b) Aprobada por las Cortes el 30 de octubre de 1978, ratificada por el pueblo en referéndum el 16 de diciembre de 1978 y publicada el 27 de diciembre de 1978.
c) Aprobada por las Cortes el 31 de octubre de 1978, ratificada por el pueblo en referéndum el 16 de diciembre de 1978 y publicada el 29 de diciembre de 1978.
d) Aprobada por las Cortes el 10 de octubre de 1978, ratificada por el pueblo en referéndum el 26 de diciembre de 1978 y publicada el 30 de diciembre de 1978.

6. ¿En qué parte de la Carta Magna se establece la exposición de motivos que impulsan la norma constitucional y los objetivos que con ella se pretenden alcanzar?

a) En el Título preliminar.
b) En el Preámbulo.
c) En el Título I.
d) En el Título II.

7. La Constitución Española fue sancionada por:

a) El Rey.
b) El Presidente del Congreso.
c) Las Cortes Generales.
d) El Presidente del Gobierno.

8. ¿Cuáles de los siguientes españoles de origen pueden ser privados de su nacionalidad?

a) Exclusivamente los miembros de grupos terroristas.
b) Los miembros de grupos terroristas y los que atenten contra el Rey u otro miembro de la Casa Real.
c) Los que atenten contra un miembro de la Familia Real o del Gobierno de la Nación.
d) Ningún español de origen podrá ser privado de su nacionalidad.

9. Según la CE son fundamentos del orden político y la paz social:

a) La dignidad de la persona, los derechos violables que les son inherentes y el respeto a la ley.
b) La dignidad de la persona, el desarrollo limitado de la personalidad y el respeto a la ley.
c) El respeto a la ley, a los reglamentos administrativos y demás disposiciones legales.
d) La dignidad de la persona, los derechos inviolables que le son inherentes, el libre desarrollo de su personalidad, el respeto a la ley y a los derechos de los demás.

10. ¿Cuál de los siguientes es considerado por la CE como uno de los valores superiores del ordenamiento jurídico?

a) La jerarquía normativa.
b) El pluralismo político.
c) La publicidad normativa.
d) La equidad.

11. La forma política del Estado español es:

a) Democracia parlamentaria.
b) Gobierno parlamentario.
c) Monarquía parlamentaria.
d) República democrática.

12. La parte de la CE que regula la estructura de los principales órganos del Estado recibe el nombre de:

a) Parte dogmática.
b) Parte orgánica.
c) Parte estatal.
d) Parte estructural.

En MADTEST tienes **más preguntas de este tema, comentadas y argumentadas**, y todos tus avances quedan registrados y se reflejan en el ranking.

¡Supera tus límites con MADTEST!

A continuación te presentamos algunos ejemplos de preguntas comentadas:

13. Según la CE, la soberanía nacional:

a) Corresponde a las Cortes Generales, al estar compuestas por los representantes del pueblo.
b) Corresponde al Rey.
c) Reside en el pueblo español.
d) Corresponde al Gobierno de la Nación elegido directamente por el pueblo.

Respuesta Correcta: c) Reside en el pueblo español.

El art. 1.2 CE: "La soberanía nacional reside en el pueblo español, del que emanan los poderes del Estado."

14. El derecho a la propiedad en nuestra Constitución es un Derecho:

a) Inherente a la condición humana.
b) Absoluto.
c) Limitado por la función social del mismo.
d) Ninguna de las respuestas anteriores es correcta.

Respuesta Correcta: c) Limitado por la función social del mismo.

El art. 33.2 CE: "La función social de estos derechos delimitará su contenido, de acuerdo con las leyes."

15. ¿En qué parte de la Carta Magna se señalan los valores superiores del ordenamiento jurídico?

a) En el Preámbulo.
b) En el Título Preliminar.
c) En el Título I.
d) Ninguna respuesta es correcta.

Respuesta Correcta: b) En el Título Preliminar.

El art. 1.1 CE establece que el Estado se fundamenta en la libertad, justicia, igualdad y pluralismo político, valores superiores del ordenamiento.

Solución al test n.º 1

1. b) En la indisoluble unidad de la Nación española.

2. c) Tienen el deber de conocer y el derecho de usar el castellano.

3. d) De las nacionalidades y regiones que la integran.

4. d) Las respuestas b) y c) son correctas.

5. a) Aprobada por las Cortes el 31 de octubre de 1978, ratificada por el pueblo en referéndum el 6 de diciembre de 1978 y publicada el 29 de diciembre de 1978.

6. b) En el Preámbulo.

7. a) El Rey.

8. d) Ningún español de origen podrá ser privado de su nacionalidad.

9. d) La dignidad de la persona, los derechos inviolables que le son inherentes, el libre desarrollo de su personalidad, el respeto a la ley y a los derechos de los demás.

10. b) El pluralismo político.

11. c) Monarquía parlamentaria.

12. b) Parte orgánica.

13. c) Reside en el pueblo español.

14. c) Limitado por la función social del mismo.

15. b) En el Título Preliminar.

TEST N.º 2

Estatuto de Autonomía de Canarias:
Derechos, deberes y principios rectores

1. Qué artículo del Estatuto establece que Canarias es un archipiélago atlántico con derecho a autogobierno:

a) El art. 2.
b) El art. 5.
c) El art. 1.
d) El art. 3.

2. Cuántas islas con administración propia conforman Canarias:

a) Seis.
b) Siete.
c) Ocho.
d) Nueve.

3. Qué título regula las disposiciones generales del Estatuto de Autonomía:

a) El Título I.
b) El Título Preliminar.
c) El Título II.
d) El Título III.

4. Cuál es la festividad institucional de Canarias:

a) 1 de mayo.
b) 30 de abril.
c) 30 de mayo.
d) 15 de junio.

5. En qué artículo se reconoce la lejanía e insularidad de Canarias

a) En el art. 4.
b) En el art. 3.
c) En el art. 6.
d) En el art. 8.

6. Cuál es el lema que aparece en el escudo de Canarias:

a) Atlántico.
b) Océano.
c) Soberanía.
d) Insularidad.

7. Qué artículo regula la capitalidad compartida de Canarias:

a) El art. 1.
b) El art. 5.
c) El art. 7.
d) El art. 6.

8. Dónde tiene sede el Parlamento de Canarias:

a) Santa Cruz de Tenerife.
b) Las Palmas de Gran Canaria.
c) La Laguna.
d) Arrecife.

9. Qué isla depende administrativamente del Cabildo de Lanzarote:

a) El Hierro.
b) La Graciosa.
c) Fuerteventura.
d) Lobos.

10. Qué título regula los derechos, deberes y principios rectores:

a) El Título I.
b) El Título II.
c) El Título III.
d) El Título IV.

11. Qué artículo define la condición política de canarios:

a) El art. 5.
b) El art. 6.

c) El art. 7.
d) El art. 8.

12. Cuántas franjas tiene la bandera de Canarias:

a) Dos.
b) Tres.
c) Cuatro.
d) Cinco.

En MADTEST tienes **más preguntas de este tema, comentadas y argumentadas**, y todos tus avances quedan registrados y se reflejan en el ranking.

¡Supera tus límites con MADTEST!

A continuación te presentamos algunos ejemplos de preguntas comentadas:

13. En qué artículo se regula el derecho a la igualdad entre mujeres y hombres:

a) En el art. 15.
b) En el art. 16.
c) En el art. 17.
d) En el art. 18.

Respuesta Correcta: c) En el art. 17.

El art. 17 la Ley Orgánica 1/2018, de 5 de noviembre, de reforma del Estatuto de Autonomía de Canarias regula el derecho a la igualdad entre mujeres y hombres, disponiendo:

1. Los poderes públicos canarios garantizarán la igualdad efectiva entre mujeres y hombres en el ámbito público y privado, y velarán por la conciliación de la vida familiar y profesional.

2. Se adoptarán medidas efectivas para educar en valores de igualdad, no sexistas, así como políticas y acciones activas que proporcionen a las mujeres protección integral a las víctimas de la violencia machista, prestando especial atención a las medidas preventivas.

14. Qué artículo garantiza el derecho de acceso a la vivienda:

a) El art. 20.
b) El art. 21.

c) El art. 22.
d) El art. 23.

Respuesta Correcta: c) El art. 22.

Dispone el art. 22 de la Ley Orgánica 1/2018, de 5 de noviembre cuando regula el derecho de acceso a la vivienda que los poderes públicos canarios deberán garantizar el derecho de todas las personas a una vivienda digna y regular su función social, mediante un sistema de promoción pública, en condiciones de igualdad y en los términos que establezcan las leyes, poniendo especial atención sobre aquellos colectivos sociales más vulnerables. Se regulará el uso del suelo de acuerdo con el interés general para evitar la especulación.

15. Quién garantiza las políticas para las personas con discapacidad:

a) Los cabildos insulares.
b) Los poderes públicos canarios.
c) El Gobierno del Estado.
d) La Unión Europea.

Respuesta Correcta: b) Los poderes públicos canarios.

A tenor del art. 16.2 de la Ley Orgánica 1/2018, de 5 de noviembre, los poderes públicos promoverán activamente el derecho de las personas en situación de discapacidad o de dependencia a acceder en términos de igualdad y sin discriminación alguna al ejercicio de sus derechos, garantizando su desarrollo personal y social.

Solución al test n.º 2

1. c) El art. 1.

2. b) Siete.

3. b) El Título Preliminar.

4. c) 30 de mayo.

5. b) En el art. 3.

6. b) Océano.

7. b) El art. 5.

8. a) Santa Cruz de Tenerife.

9. b) La Graciosa.

10. a) El Título I.

11. b) El art. 6.

12. b) Tres.

13. c) En el art. 17.

14. c) El art. 22.

15. b) Los poderes públicos canarios.

TEST N.º 3

Ley 31/1995, de 8 de noviembre de Prevención de Riesgos Laborales: Derechos y obligaciones

1. Los representantes de los trabajadores con competencia en materia de prevención de riesgos laborales son:

a) Los miembros de la Junta de personal, Junta Facultativo y Junta de Enfermería.
b) Los técnicos de prevención de riesgos laborales.
c) El Servicio de Medicina Preventiva.
d) Los delegados de prevención.

2. ¿Qué se entiende por "riesgo laboral"?

a) La posibilidad de que un trabajador sufra un determinado daño derivado del trabajo.
b) La posibilidad de que un trabajador sufra una enfermedad en el trabajo.
c) La posibilidad de que un trabajador sufra acoso.
d) El riesgo que supone el ir a trabajar.

3. Indica cuál es la definición de prevención:

a) La probabilidad racional de que un riesgo se materialice de forma inminente.
b) El estudio de los procesos potencialmente peligrosos para el trabajo.
c) Conjunto de actividades o medidas adoptadas o previstas en todas las fases de actividad de la empresa con el fin de evitar o disminuir los riesgos derivados del trabajo.
d) Posibilidad de que un trabajador sufra un determinado daño derivado del trabajo.

4. Según recoge el artículo 4 de la Ley 31/1995, quedan específicamente incluidas en la definición de condición de trabajo:

a) Las características particulares de los locales, instalaciones, equipos, productos y demás útiles existentes en el centro de trabajo.
b) La naturaleza de los agentes físicos, químicos y biológicos presentes en el ambiente de trabajo y sus correspondientes intensidades, concentraciones o niveles de presencia.
c) Los procedimientos para la utilización de los agentes citados anteriormente que no influyan en la generación de los riesgos mencionados.
d) Todas aquellas otras características del trabajo, excluidas las relativas a su organización y ordenación, que influyan en la magnitud de los riesgos a que esté expuesto el trabajador.

5. ¿Cuál es la vigente Ley de Prevención de Riesgos Laborales?

a) Ley 32/1995, de 8 de noviembre.
b) Ley 30/1996, de 8 de noviembre.
c) Ley 31/1995, de 6 de noviembre.
d) Ley 31/1995, de 8 de noviembre.

6. Entre los principios de la acción preventiva recogidos por el artículo 15 de la Ley de Prevención de Riesgos Laborales, no figura:

a) Evitar los riesgos.
b) Evaluar los riesgos que se puedan evitar.
c) Tener en cuenta la evolución de la técnica.
d) Dar las debidas instrucciones a los trabajadores.

7. En las empresas de hasta 30 trabajadores el Delegado de Prevención será:

a) El propio empresario.
b) El trabajador más antiguo.
c) El trabajador de mayor cualificación.
d) El delegado de personal.

8. Según la Ley de Prevención de Riesgos Laborales, se constituirá un Comité de Seguridad y Salud en todas las empresas o centros de trabajo que cuenten con:

a) 30 o más trabajadores.
b) 50 o más trabajadores.
c) 75 o más trabajadores.
d) 100 o más trabajadores.

9. La evaluación de los riesgos laborales es:

a) Es un proceso técnico en la organización del trabajo.
b) Un proceso dirigido a estimar la magnitud de los riesgos que no hayan podido evitarse.
c) Es un procedimiento estático.
d) Es una práctica para el control y la protección de los trabajadores.

10. En los casos de concurrencia de trabajadores de varias empresas en un centro de trabajo cuando existe un empresario principal, uno de los deberes de vigilancia por parte de este, consistirá en:

a) Impulsar la regulación de esquemas organizativos, que eviten los accidentes de trabajo.
b) Comprobar que las empresas contratistas y subcontratistas concurrentes en su centro de trabajo han establecido los necesarios medios de coordinación entre ellas.

c) Asegurar la correcta utilización por parte de los trabajadores de las empresas concurrentes de los correspondientes dispositivos de seguridad disponibles.

d) Asegurarse de que los trabajadores concurrentes disponen de la formación preventiva correspondiente.

11. Cuando los trabajadores estén expuestos a un riesgo grave e inminente con ocasión de su trabajo, y el empresario no adopte o no permita la adopción de las medidas necesarias para garantizar la seguridad y la salud de los trabajadores, la Ley 31/1995, de 8 de noviembre, de Prevención de Riesgos Laborales prevé:

a) Los trabajadores afectados podrán paralizar la actividad.

b) El órgano de representación del personal instará formalmente al empresario a la adopción de las medidas necesarias.

c) Los Delegados de Prevención lo comunicarán a la autoridad laboral, que adoptará las medidas necesarias.

d) El órgano de representación de personal podrá acordar la paralización de la actividad.

12. Según establece el art. 4 de la Ley 31/1995, de 8 de noviembre, de Prevención de Riesgos Laborales, se define como daños derivados del trabajo:

a) La posibilidad de que un trabajador sufra un determinado daño derivado del trabajo.

b) El que resulte probable racionalmente que se materialice en un futuro inmediato y pueda suponer y pueda suponer un daño grave para la salud de los trabajadores.

c) Las enfermedades, patologías o lesiones sufridas con motivo u ocasión del trabajo.

d) Cualquier máquina, aparato, instrumento o instalación utilizada en el trabajo.

En MADTEST tienes **más preguntas de este tema, comentadas y argumentadas**, y todos tus avances quedan registrados y se reflejan en el ranking.

¡Supera tus límites con MADTEST!

A continuación te presentamos algunos ejemplos de preguntas comentadas:

13. El art. 23 de la LPRL establece la documentación que el empresario debe elaborar y conservar a disposición de la autoridad laboral. De las siguientes no está incluido:

a) El Plan de prevención de riesgos laborales.

b) Evaluación de los riesgos para la seguridad y la salud en el trabajo.

c) La planificación de la actividad laboral.

d) La relación de accidentes de trabajo y enfermedades profesionales que hayan causado al trabajador una incapacidad laboral superior a un día de trabajo.

Respuesta Correcta: c) La planificación de la actividad laboral.

Según el artículo 23.1 de la Ley 31/1995, de 8 de noviembre, de Prevención de Riesgos Laborales, el empresario deberá elaborar y conservar a disposición de la autoridad laboral la siguiente documentación relativa a las obligaciones establecidas en los artículos anteriores:

a) Plan de prevención de riesgos laborales, conforme a lo previsto en el apartado 1 del artículo 16 de esta ley.

b) Evaluación de los riesgos para la seguridad y la salud en el trabajo, incluido el resultado de los controles periódicos de las condiciones de trabajo y de la actividad de los trabajadores, de acuerdo con lo dispuesto en el párrafo a) del apartado 2 del artículo 16 de esta ley.

c) Planificación de la actividad preventiva, incluidas las medidas de protección y de prevención a adoptar y, en su caso, material de protección que deba utilizarse, de conformidad con el párrafo b) del apartado 2 del artículo 16 de esta ley.

d) Práctica de los controles del estado de salud de los trabajadores previstos en el artículo 22 de esta Ley y conclusiones obtenidas de los mismos en los términos recogidos en el último párrafo del apartado 4 del citado artículo.

e) Relación de accidentes de trabajo y enfermedades profesionales que hayan causado al trabajador una incapacidad laboral superior a un día de trabajo. En estos casos el empresario realizará, además, la notificación a que se refiere el apartado 3 del presente artículo.

14. El art. 29 de la LPRL establece las obligaciones de los trabajadores en materia de prevención de riesgos. De las siguientes no se considera una obligación del trabajador:

a) Utilizar correctamente los medios y equipos de protección facilitados por el empresario, de acuerdo con las instrucciones recibidas de este.

b) Usar adecuadamente, de acuerdo con su naturaleza y los riesgos previsibles, las máquinas, aparatos, herramientas, sustancias peligrosas, equipos de transporte y, en general, cualesquiera otros medios con los que desarrollen su actividad.

c) Informar de inmediato a su superior jerárquico directo, y a los trabajadores designados para realizar las actualizaciones que consideren oportunas en el equipo de protección individual.

d) No poner fuera de funcionamiento y utilizar correctamente los dispositivos de seguridad existentes o que se instalen en los medios relacionados con su actividad o en los lugares de trabajo en los que esta tenga lugar.

Respuesta Correcta: c) Informar de inmediato a su superior jerárquico directo, y a los trabajadores designados para realizar las actualizaciones que consideren oportunas en el equipo de protección individual.

Según el artículo 29 de la Ley 31/1995, de 8 de noviembre, de Prevención de Riesgos Laborales:

1. (…)

2. Los trabajadores, con arreglo a su formación y siguiendo las instrucciones del empresario, deberán en particular:

   1.º Usar adecuadamente, de acuerdo con su naturaleza y los riesgos previsibles, las máquinas, aparatos, herramientas, sustancias peligrosas, equipos de transporte y, en general, cualesquiera otros medios con los que desarrollen su actividad.

   2.º Utilizar correctamente los medios y equipos de protección facilitados por el empresario, de acuerdo con las instrucciones recibidas de este.

   3.º No poner fuera de funcionamiento y utilizar correctamente los dispositivos de seguridad existentes o que se instalen en los medios relacionados con su actividad o en los lugares de trabajo en los que esta tenga lugar.

   4.º Informar de inmediato a su superior jerárquico directo, y a los trabajadores designados para realizar actividades de protección y de prevención o, en su caso, al servicio de prevención, acerca de cualquier situación que, a su juicio, entrañe, por motivos razonables, un riesgo para la seguridad y la salud de los trabajadores.

   5.º Contribuir al cumplimiento de las obligaciones establecidas por la autoridad competente con el fin de proteger la seguridad y la salud de los trabajadores en el trabajo.

   6.º Cooperar con el empresario para que este pueda garantizar unas condiciones de trabajo que sean seguras y no entrañen riesgos para la seguridad y la salud de los trabajadores.

3. (…)

15. Podrán realizar el plan de prevención de riesgos laborales, la evaluación de riesgos y la planificación de la actividad preventiva de forma simplificada, en atención a la naturaleza y peligrosidad de las actividades realizadas, empresas cuyo número de trabajadores no exceda de:

a) 30.
b) 50.
c) 80.
d) 100.

Respuesta Correcta: b) 50.

Según el artículo 2.4 del RD 39/1997, de 17 de enero, por el que se aprueba el Reglamento de los Servicios de Prevención, las empresas de hasta 50 trabajadores que no desarrollen actividades del anexo I podrán reflejar en un único documento el plan de prevención de riesgos laborales, la evaluación de riesgos y la planificación de la actividad preventiva.

Este documento será de extensión reducida y fácil comprensión, deberá estar plenamente adaptado a la actividad y tamaño de la empresa y establecerá las medidas operativas pertinentes para realizar la integración de la prevención en la actividad de la empresa, los puestos de trabajo con riesgo y las medidas concretas para evitarlos o reducirlos, jerarquizadas en función del nivel de riesgos, así como el plazo para su ejecución.

Solución al test n.º 3

1. d) Los delegados de prevención.

2. a) La posibilidad de que un trabajador sufra un determinado daño derivado del trabajo.

3. c) Conjunto de actividades o medidas adoptadas o previstas en todas las fases de actividad de la empresa con el fin de evitar o disminuir los riesgos derivados del trabajo.

4. b) La naturaleza de los agentes físicos, químicos y biológicos presentes en el ambiente de trabajo y sus correspondientes intensidades, concentraciones o niveles de presencia.

5. d) Ley 31/1995, de 8 de noviembre.

6. b) Evaluar los riesgos que se puedan evitar.

7. d) El delegado de personal.

8. b) 50 o más trabajadores.

9. b) Un proceso dirigido a estimar la magnitud de los riesgos que no hayan podido evitarse.

10. b) Comprobar que las empresas contratistas y subcontratistas concurrentes en su centro de trabajo han establecido los necesarios medios de coordinación entre ellas.

11. d) El órgano de representación de personal podrá acordar la paralización de la actividad.

12. c) Las enfermedades, patologías o lesiones sufridas con motivo u ocasión del trabajo.

13. c) La planificación de la actividad laboral.

14. c) Informar de inmediato a su superior jerárquico directo, y a los trabajadores designados para realizar las actualizaciones que consideren oportunas en el equipo de protección individual.

15. b) 50.

Epidemiología y método epidemiológico. Epidemiología de las enfermedades transmisibles. Infección nosocomial: barreras higiénicas. Consecuencias de las infecciones nosocomiales. Gestión de residuos sanitarios: clasificación, transporte, eliminación y tratamiento

1. ¿Cuál es el objetivo principal de la vigilancia epidemiológica en centros sanitarios?

a) Prevenir y controlar la aparición de brotes infecciosos.
b) Estimar la prevalencia de cánceres hospitalarios.
c) Gestionar el inventario de productos biocidas.
d) Detectar errores de esterilización.

2. ¿Qué EPI es imprescindible para proteger las mucosas oculares en entornos de alto riesgo biológico?

a) Guantes.
b) Mascarilla FFP2.
c) Gorro quirúrgico.
d) Gafas de protección o pantalla facial.

3. ¿Qué se entiende por tasa de incidencia acumulada?

a) Número de casos nuevos en una población durante un periodo concreto.
b) Total de infecciones a lo largo de un año.
c) Número de casos entre personal sanitario únicamente.
d) Promedio de infecciones hospitalarias previas.

4. ¿Qué principio define la actuación con EPI en zonas de aislamiento por contacto?

a) Proteger exclusivamente al paciente.
b) Evitar transmisión por vía aérea.

c) Interrumpir el ciclo mano-fómite-mano.

d) Asegurar la temperatura del entorno.

5. ¿Cuál de los siguientes factores aumenta el riesgo de transmisión en una enfermedad infecciosa?

a) Alta inmunogenicidad del huésped.

b) Ausencia de contacto directo.

c) Baja patogenicidad del agente.

d) Elevada carga microbiana en la fuente.

6. ¿Cuál es la forma más efectiva de prevenir la infección nosocomial asociada al uso de catéteres venosos centrales?

a) Irrigación con antiséptico.

b) Uso de apósito absorbente.

c) Lavado de manos y técnica aséptica en la inserción.

d) Aplicación de suero fisiológico.

7. ¿Qué tipo de agente infeccioso es más común en infecciones del tracto urinario nosocomial?

a) Virus.

b) Levaduras.

c) Bacterias gramnegativas.

d) Protozoos.

8. ¿Qué precaución debe tomarse al desechar EPI tras la atención de un paciente con aislamiento respiratorio?

a) Sumergirlos en alcohol.

b) Desecharlos en bolsa de residuos biológicos.

c) Enjuagar y guardar.

d) Doblar y reutilizar si no están visiblemente sucios.

9. ¿Qué medida de protección individual es imprescindible en aislamiento por gotas (>5 micras)?

a) Bata impermeable.

b) Mascarilla quirúrgica.

c) FFP3.

d) Gafas herméticas.

10. ¿Qué agente antiséptico se recomienda para la desinfección rápida de manos cuando no hay suciedad visible?

a) Agua oxigenada.
b) Alcohol gelificado al 70 %.
c) Glutaraldehído al 2 %.
d) Solución salina estéril.

11. ¿Qué elemento forma parte de la cadena epidemiológica?

a) Estado nutricional del huésped.
b) Agente causal.
c) Carga vírica.
d) Nivel de vigilancia hospitalaria.

12. ¿Cuál es el objetivo principal del aislamiento hospitalario?

a) Prevenir la contaminación de materiales estériles.
b) Controlar la virulencia de los patógenos.
c) Prevenir la diseminación de infecciones y proteger a pacientes vulnerables.
d) Reducir la carga bacteriana ambiental.

En MADTEST tienes **más preguntas de este tema, comentadas y argumentadas**, y todos tus avances quedan registrados y se reflejan en el ranking.

¡Supera tus límites con MADTEST!

A continuación te presentamos algunos ejemplos de preguntas comentadas:

13. ¿Qué práctica es considerada la medida más eficaz para prevenir infecciones cruzadas en hospitales?

a) Esterilización de superficies.
b) Uso de antibióticos de amplio espectro.
c) Lavado de manos higiénico.
d) Aislamiento por gotas.

Respuesta Correcta: c) Lavado de manos higiénico.

El lavado higiénico de manos con agua y jabón es la principal medida preventiva para reducir la transmisión por contacto directo, especialmente en la atención al paciente.

14. ¿Qué tipo de reservorio se caracteriza por albergar agentes patógenos sin mostrar síntomas clínicos?

a) Reservorio ambiental.
b) Reservorio animal.
c) Reservorio humano enfermo.
d) Reservorio humano portador.

Respuesta Correcta: d) Reservorio humano portador.

El portador es una persona que, sin mostrar signos clínicos, elimina agentes patógenos y puede transmitirlos, siendo relevante en entornos alimentarios y sanitarios.

15. ¿Qué característica epidemiológica se asocia al concepto de "tríada epidemiológica"?

a) Vía de transmisión y susceptibilidad del huésped.
b) Agente, huésped y ambiente.
c) Patogenicidad, virulencia e inmunidad.
d) Contagiosidad, reservorio y vector.

Respuesta Correcta: b) Agente, huésped y ambiente.

La tríada epidemiológica define la interacción entre un agente infeccioso, un huésped susceptible y un ambiente que permite el contacto entre ambos, originando la enfermedad.

Solución al test n.º 4

1. a) Prevenir y controlar la aparición de brotes infecciosos.

2. d) Gafas de protección o pantalla facial.

3. a) Número de casos nuevos en una población durante un periodo concreto.

4. c) Interrumpir el ciclo mano-fómite-mano.

5. d) Elevada carga microbiana en la fuente.

6. c) Lavado de manos y técnica aséptica en la inserción.

7. c) Bacterias gramnegativas.

8. b) Desecharlos en bolsa de residuos biológicos.

9. b) Mascarilla quirúrgica.

10. b) Alcohol gelificado al 70 %.

11. b) Agente causal.

12. c) Prevenir la diseminación de infecciones y proteger a pacientes vulnerables.

13. c) Lavado de manos higiénico.

14. d) Reservorio humano portador.

15. b) Agente, huésped y ambiente.

TEST N.º 5

Asepsia y esterilización. Concepto de sepsis, antisepsis, esterilización y desin-fección. Manejo de materiales estériles

1. ¿Cuál es la principal diferencia entre desinfección y esterilización?

a) La desinfección elimina esporas bacterianas.
b) La esterilización es siempre química.
c) La desinfección reduce microorganismos patógenos, pero no los elimina completamente.
d) La esterilización se realiza solo con agua.

2. ¿Cuál de los siguientes métodos de desinfección implica el uso de gases o vapores?

a) Fumigación.
b) Inmersión.
c) Loción.
d) Asepsia.

3. ¿Qué tipo de instrumental requiere esterilización obligatoria por su contacto con tejidos estériles?

a) Material semicrítico.
b) Material crítico.
c) Material no crítico.
d) Material descartable.

4. ¿Qué concentración de hipoclorito sódico se recomienda para una desinfección eficaz en hospitales?

a) 2 %.
b) 5 %.
c) 10 %.
d) 0,5 % (equivale a 500 ppm).

5. ¿Qué tipo de microorganismo es más resistente a los procesos de desinfección?

a) Virus con envoltura.
b) Bacterias grampositivas.
c) Esporas bacterianas.
d) Hongos filamentosos.

6. ¿Cuál de los siguientes productos presenta efecto virucida, bactericida y esporicida?

a) Clorhexidina.
b) Peróxido de hidrógeno.
c) Alcohol etílico.
d) Compuestos fenólicos.

7. ¿Qué técnica se basa en la colocación de los instrumentos en una solución desinfectante durante un tiempo determinado?

a) Inmersión.
b) Loción.
c) Fumigación.
d) Esterilización húmeda.

8. ¿Qué producto es eficaz frente a bacterias grampositivas y gramnegativas y se usa como antiséptico cutáneo?

a) Yodopovidona.
b) Fenol.
c) Glutaraldehído.
d) Amonio cuaternario.

9. ¿Qué tipo de calor utiliza el autoclave para esterilizar material sanitario?

a) Calor seco.
b) Calor húmedo bajo presión.
c) Calor por radiación.
d) Microondas.

10. ¿Cuál es el principal inconveniente del uso de alcoholes como desinfectantes?

a) Baja volatilidad.
b) Baja eficacia frente a bacterias.
c) No se inactivan con materia orgánica.
d) Son inflamables.

11. ¿Qué se entiende por "esterilización"?

a) Reducción de bacterias hasta niveles seguros.
b) Eliminación parcial de virus y bacterias.
c) Destrucción total de todos los microorganismos, incluidas esporas.
d) Inactivación de microorganismos sin dañar tejidos.

12. ¿Qué grupo de productos desinfectantes actúa modificando la permeabilidad de la membrana celular?

a) Alcoholes.
b) Amonios cuaternarios.
c) Fenoles.
d) Glutaraldehído.

En MADTEST tienes **más preguntas de este tema, comentadas y argumentadas**, y todos tus avances quedan registrados y se reflejan en el ranking.

¡Supera tus límites con MADTEST!

A continuación te presentamos algunos ejemplos de preguntas comentadas:

13. ¿Qué materiales se esterilizan habitualmente mediante calor húmedo?

a) Textiles y materiales porosos.
b) Agujas hipodérmicas.
c) Jeringas de vidrio.
d) Catéteres metálicos.

Respuesta Correcta: a) Textiles y materiales porosos.

El calor húmedo mediante autoclave es especialmente útil para esterilizar materiales como ropa quirúrgica, gasas y papel, ya que permite la penetración del vapor. Para materiales metálicos se prefiere el calor seco u óxido de etileno si son termosensibles.

14. ¿Cuál es la técnica correcta para asegurar la acción desinfectante en la limpieza de superficies?

a) Aplicar vapor seco sin presión.
b) Frotar con alcohol hasta evaporación.

c) Usar bayetas empapadas en solución y dejarlas actuar.
d) Rociar con agua oxigenada y secar.

Respuesta Correcta: c) Usar bayetas empapadas en solución y dejarlas actuar.

En la desinfección por loción, se humedecen bayetas con una solución desinfectante y se aplican directamente sobre superficies limpias, respetando el tiempo de contacto necesario para una acción eficaz, según el producto utilizado.

15. ¿Qué afirmación sobre la clasificación del instrumental según su riesgo de transmisión infecciosa es correcta?

a) El instrumental semicrítico se usa solo en piel intacta.
b) El material crítico debe esterilizarse siempre.
c) El instrumental no crítico requiere esterilización por calor seco.
d) Todo material no reutilizable se considera crítico.

Respuesta Correcta: b) El material crítico debe esterilizarse siempre.

El instrumental clasificado como crítico entra en contacto con cavidades estériles o el sistema vascular, por lo que requiere esterilización absoluta. Los semicríticos necesitan desinfección de alto nivel, y los no críticos limpieza básica.

Solución al test n.º 5

1. c) La desinfección reduce microorganismos patógenos, pero no los elimina completamente.

2. a) Fumigación.

3. b) Material crítico.

4. d) 0,5 % (equivale a 500 ppm).

5. c) Esporas bacterianas.

6. b) Peróxido de hidrógeno.

7. a) Inmersión.

8. a) Yodopovidona.

9. b) Calor húmedo bajo presión.

10. d) Son inflamables.

11. c) Destrucción total de todos los microorganismos, incluidas esporas.

12. b) Amonios cuaternarios.

13. a) Textiles y materiales porosos.

14. c) Usar bayetas empapadas en solución y dejarlas actuar.

15. b) El material crítico debe esterilizarse siempre.

TEST N.º 6

Laboratorio de anatomía patológica. Riesgo en el uso de sustancias químicas. Efectos tóxicos de los disolventes orgánicos

1. El Laboratorio de Anatomía Patológica presta una serie de servicios clínicos que consisten en aplicar los conocimientos y las técnicas de las ciencias fundamentales al diagnóstico, pronóstico, tratamiento y prevención de la enfermedad. El estudio macroscópico de esta especialidad consiste en el estudio de:

a) Biopsias.
b) Improntas.
c) Autopsia y examen de órganos y tejidos.
d) Todas son correctas.

2. Las secciones básicas en el laboratorio de anatomía patológica son:

a) La patología quirúrgica encargada de las biopsias.
b) Las autopsias.
c) Citodiagnóstico.
d) Todas son correctas.

3. ¿Qué sección del laboratorio de anatomía patológica se ocupa del estudio a nivel celular de la muestra?

a) Patología quirúrgica.
b) Patología autópsica.
c) Microscopía.
d) Citodiagnóstico.

4. La organización y equipamiento de un laboratorio:

a) Es competencia del técnico en anatomía patológica.
b) Es competencia del jefe de almacén.
c) Es competencia del auxiliar.
d) Todas las opciones son correctas.

5. La principal vía de penetración de sustancias químicas en el organismo es:

a) Ingestión.
b) Dérmica.
c) Inhalación.
d) Parenteral.

6. Los riesgos para la salud y la seguridad de los trabajadores que manipulen agentes químicos peligrosos se pueden minimizar:

a) Leyendo las etiquetas se seguridad.
b) Marcando y etiquetando todos los productos químicos.
c) Estableciendo los procedimientos adecuados para el uso y mantenimientos de los equipos utilizados para trabajar con agentes químicos peligrosos.
d) Todas son correctas.

7. Respecto a los pictogramas de etiquetado de productos químicos:

a) Tienen forma de rombo y tienen símbolo negro sobre fondo blanco con un maro rojo.
b) Tienen forma de cuadro y tienen símbolo negro sobre fondo amarillo con marco rojo.
c) Tienen forma de cuadrado y tienen símbolo negro con fondo blanco y marco negro
d) Ninguna es correcta.

8. Las frases H:

a) Son frases de identificación de peligro.
b) Son frases de recomendaciones para la adopción de medidas que reduzcan efectos adversos.
c) Son frases de prudencia.
d) Son frases de consejos.

9. El almacenamiento de xileno se efectúa habitualmente en recipientes de seguridad:

a) Acero o aluminio.
b) Vidrio.
c) Plástico.
d) Todo lo anterior.

10. Para las autopsias de rutina y para el procesamiento de pequeñas cantidades de tejidos fijados se debe operar con un nivel de Bioseguridad:

a) 1.
b) 2.
c) 3.
d) 4.

11. ¿Cuando se recomendará el uso de cabinas de seguridad biológica (tipos I o II)?

a) Cuando el procedimiento y manipulación del material pueda generar aerosoles.
b) Cuando las muestras que se manipulen sean desagradables o huelan mal.
c) Cuando se trabajen con objetos agudos como agujas, hojas de bisturí, etc.
d) Cuando sea una mujer embarazada la que esté realizando el procedimiento o manipulación de la muestra.

12. ¿Cuál de los siguientes no es un disolvente orgánico?

a) Etanol.
b) Acetona.
c) Hexano.
d) Cloruro de plata.

En MADTEST tienes **más preguntas de este tema, comentadas y argumentadas**, y todos tus avances quedan registrados y se reflejan en el ranking.

¡Supera tus límites con MADTEST!

A continuación te presentamos algunos ejemplos de preguntas comentadas:

13. No es un efecto nocivo del formol para el sistema inmunitario:

a) Causar reacciones de hipersensibilidad.
b) Acción sensibilizante.
c) Alérgeno.
d) Producir efectos como irritabilidad, alteraciones del sueño, equilibrio, etc.

Respuesta correcta: d) Producir efectos como irritabilidad, alteraciones del sueño, equilibrio, etc.

El formol, también conocido como formaldehído, es conocido por tener efectos irritantes en las vías respiratorias y en la piel, así como por ser un alérgeno y tener capacidad sensibilizante. Sin embargo, los efectos mencionados en la opción d (irritabilidad, alteraciones del sueño, equilibrio, etc.) están relacionados más con la exposición a altas concentraciones de formol y a su inhalación prolongada. Estos síntomas son más atribuibles a la exposición a largo plazo y no son específicamente efectos del formol en el sistema inmunitario.

14. Señala la respuesta incorrecta en relación al glutaraldehído:

a) Es un incoloro, poco volátil y soluble en agua.
b) Se utiliza diluido al 15 % como fijador para las muestras de microscopia electrónica.

c) Sus riesgos son por inhalación y por contacto.

d) En bajas concentraciones puede producir irritación de los ojos y vía área superior.

Respuesta correcta: b) Se utiliza diluido al 15 % como fijador para las muestras de microscopia electrónica.

El glutaraldehído se utiliza comúnmente como desinfectante y esterilizante en la industria médica y de laboratorio debido a su amplio espectro de actividad antimicrobiana. Sin embargo, la opción b es incorrecta, ya que el glutaraldehído no se utiliza como fijador para muestras de microscopía electrónica. Su principal uso es como desinfectante y esterilizante de equipos médicos y superficies.

15. La principal medida preventiva para el formaldehido es:

a) Sustitución por otro agente químico menos nocivo.

b) Utilizarlo con precaución.

c) Seguir las normas de manipulación.

d) Realizar el proceso en cabina de seguridad.

Respuesta correcta: a) Sustitución por otro agente químico menos nocivo.

La sustitución del formaldehído por otro agente químico menos nocivo es la medida preventiva más efectiva para reducir la exposición y los riesgos asociados con este compuesto. La sustitución es una estrategia clave en la gestión de riesgos químicos y en la protección de la salud de los trabajadores y del medio ambiente.

Solución al test n.º 6

1. c) Autopsia y examen de órganos y tejidos.

2. d) Todas son correctas.

3. d) Citodiagnóstico.

4. a) Es competencia del técnico en anatomía patológica.

5. c) Inhalación.

6. d) Todas son correctas.

7. a) Tienen forma de rombo y tienen símbolo negro sobre fondo blanco con un maro rojo.

8. a) Son frases de identificación de peligro.

9. a) Acero o aluminio.

10. b) 2.

11. a) Cuando el procedimiento y manipulación del material pueda generar aerosoles.

12. d) Cloruro de plata.

13. d) Producir efectos como irritabilidad, alteraciones del sueño, equilibrio, etc.

14. b) Se utiliza diluido al 15 % como fijador para las muestras de microscopia electrónica.

15. a) Sustitución por otro agente químico menos nocivo.

Documentación sanitaria que maneja el Técnico Especialista. Tipos de documentos y criterios de cumplimentación. Circulación de la información. Métodos de circulación de la información

1. ¿Cuál es la finalidad principal de un sistema de información sanitaria según la OMS (1973)?

a) Recoger, procesar, analizar y transmitir información para organizar y hacer funcionar los servicios sanitarios.
b) Controlar exclusivamente los recursos económicos sanitarios.
c) Supervisar únicamente la labor del personal clínico.
d) Gestionar únicamente los registros hospitalarios.

2. ¿Cuál de las siguientes se considera una fuente externa de información sanitaria?

a) Registros de ambulatorios.
b) Índices diagnósticos hospitalarios.
c) Censo poblacional.
d) Registros de unidades de servicios clínicos.

3. ¿En qué artículo de la Ley 16/2003 se regula el sistema de información sanitaria del Sistema Nacional de Salud?

a) Artículo 45.
b) Artículo 50.
c) Artículo 53.
d) Artículo 56.

4. ¿Cuál es uno de los objetivos del sistema de información sanitaria dirigido a los profesionales sanitarios?

a) Mejorar sus conocimientos y aptitudes clínicas.
b) Facilitar su participación en ONG.

c) Informar sobre derechos y deberes ciudadanos.
d) Organizar el acceso a medicamentos subvencionados.

5. ¿Qué entidades deben aportar datos al sistema de información sanitaria del SNS?

a) Solo las Comunidades Autónomas.
b) El Ministerio de Sanidad y entidades privadas.
c) Las Administraciones públicas sanitarias, entidades gestoras de la Seguridad Social y la Administración General del Estado.
d) Exclusivamente las consejerías de salud autonómicas.

6. ¿Cuál de los siguientes contenidos debe incluir el sistema de información sanitaria según el artículo 53?

a) Información sobre seguros médicos privados.
b) Datos exclusivamente hospitalarios.
c) Estadísticas de ámbito europeo exclusivamente.
d) Datos sobre población protegida, actividad, financiación, farmacia y opinión ciudadana.

7. ¿Cuál es uno de los principales objetivos del registro de actividades de enfermería en Atención Primaria?

a) Elaborar encuestas de satisfacción del personal.
b) Controlar la asistencia del personal sanitario.
c) Conocer la morbilidad y la forma en que fue atendida la demanda asistencial.
d) Medir el tiempo de espera en las consultas médicas.

8. ¿Qué se entiende por "codificación" en el contexto del registro de actividades de enfermería?

a) Clasificar a los pacientes según el nivel de gravedad.
b) Asignar un código numérico o alfanumérico a cada actividad realizada en consulta o domicilio.
c) Registrar los datos personales de los pacientes.
d) Identificar las zonas geográficas de atención.

9. ¿Cuál de las siguientes afirmaciones es verdadera respecto a la utilidad de los registros de enfermería en AP?

a) Solo tienen utilidad estadística interna.
b) Sirven únicamente para justificar la jornada laboral del personal.
c) Son una base fundamental para evaluar, investigar y planificar servicios sanitarios.
d) Se emplean solo para tareas administrativas puntuales.

10. ¿Cuál de los siguientes documentos clínicos en Atención Primaria se utiliza específicamente para organizar y planificar los cuidados de enfermería?

a) Historia de Enfermería.
b) Impreso de citación.
c) Historia médica.
d) Impreso de solicitud de pruebas complementarias.

11. ¿Qué normativa regula el Registro de Actividad de Atención Sanitaria Especializada en el ámbito hospitalario?

a) Ley 16/2003, de cohesión y calidad del Sistema Nacional de Salud.
b) Real Decreto 69/2015, de 6 de febrero.
c) Real Decreto 1093/2010, sobre la historia clínica digital.
d) Ley Orgánica 3/2018, de protección de datos personales.

12. ¿Qué documento clínico hospitalario recoge las impresiones diagnósticas tras la atención inicial en urgencias?

a) Hoja de evolución médica.
b) Informe clínico de alta.
c) Informe médico de urgencias.
d) Hoja de ingreso.

En MADTEST tienes **más preguntas de este tema, comentadas y argumentadas**, y todos tus avances quedan registrados y se reflejan en el ranking.

¡Supera tus límites con MADTEST!

A continuación te presentamos algunos ejemplos de preguntas comentadas:

13. ¿Qué tipo de hoja operatoria es cumplimentada por el anestesista y recoge datos como anestésicos, dosis y constantes vitales?

a) Hoja de intervención quirúrgica.
b) Hoja de anestesia.
c) Hoja de Enfermería.
d) Hoja de evolución médica.

Respuesta correcta: b) Hoja de anestesia.
La hoja de anestesia la completa el médico anestesista e incluye detalles de los fármacos anestésicos administrados, sus dosis, el tiempo de aplicación, las constantes vitales y el balance hídrico del paciente durante el procedimiento.

14. ¿En qué plazo debe realizarse la hoja de valoración del paciente tras su ingreso?

a) En las primeras 12 horas.
b) En las 48 horas siguientes.
c) En las 24 primeras horas.
d) En la primera semana de ingreso.

Respuesta correcta: c) En las 24 primeras horas.

La hoja de valoración debe cumplimentarse en las primeras 24 horas tras el ingreso del paciente para identificar problemas de salud y planificar cuidados oportunos.

15. ¿Cuál de las siguientes afirmaciones sobre el Informe de Alta de Enfermería es correcta?

a) Solo debe ser elaborado por el auxiliar de enfermería.
b) Se limita a registrar los tratamientos farmacológicos aplicados.
c) Se utiliza para planificar intervenciones quirúrgicas futuras.
d) Tiene como objetivo garantizar la continuidad de los cuidados en Atención Primaria.

Respuesta correcta: d) Tiene como objetivo garantizar la continuidad de los cuidados en Atención Primaria.

El informe de alta de enfermería proporciona información relevante a los profesionales de Atención Primaria para mantener la continuidad de los cuidados del paciente tras su alta hospitalaria.

Solución al test n.º 7

1. a) Recoger, procesar, analizar y transmitir información para organizar y hacer funcionar los servicios sanitarios.

2. c) Censo poblacional.

3. c) Artículo 53.

4. a) Mejorar sus conocimientos y aptitudes clínicas.

5. c) Las Administraciones públicas sanitarias, entidades gestoras de la Seguridad Social y la Administración General del Estado.

6. d) Datos sobre población protegida, actividad, financiación, farmacia y opinión ciudadana.

7. c) Conocer la morbilidad y la forma en que fue atendida la demanda asistencial.

8. b) Asignar un código numérico o alfanumérico a cada actividad realizada en consulta o domicilio.

9. c) Son una base fundamental para evaluar, investigar y planificar servicios sanitarios.

10. a) Historia de Enfermería.

11. b) Real Decreto 69/2015, de 6 de febrero.

12. c) Informe médico de urgencias.

13. b) Hoja de anestesia.

14. c) En las 24 primeras horas.

15. d) Tiene como objetivo garantizar la continuidad de los cuidados en Atención Primaria.

Calidad en el Sistema Nacional de Salud. Evaluación de la calidad: estructura, proceso y resultado aplicados a la Unidad/Servicio de Anatomía Patológica. Sistemas de control de calidad internos y externos

1. La capacidad del sistema sanitario de ofrecer a cada ciudadano la atención que requieren sus propias necesidades, dedicando el máximo de los recursos a aquellos que más puedan necesitarlo se denomina:

a) Eficiencia.
b) Accesibilidad.
c) Eficiencia.
d) Equidad.

2. La relación entre el coste de una actividad y el efecto que produce sobre la salud (un procedimiento consigue los mismos objetivos al mínimo coste) se conoce como:

a) Productividad.
b) Eficiencia.
c) Efectividad.
d) Eficacia.

3. No es correcto sobre la auditoría o "audits":

a) Se basa en la revisión de historias clínicas.
b) Se centra en el resultado.
c) Suelen explicitarse los criterios utilizados.
d) Su inconveniente principal es la limitación de la historia clínica.

4. Normalización es:

a) Toda actividad colectiva encaminada a establecer soluciones a situaciones repetitivas y consiste en la elaboración, difusión y aplicación de normas.
b) El reconocimiento de una institución, persona jurídica o actividad en el sentido de que reúne una serie de características de tipo administrativo y de carácter obligatorio ante un organismo.

c) La determinación independiente de la conformidad de un producto, proceso o servicio, respecto de una cierta norma, reglamentaria o profesional.

d) El procedimiento por el cual un organismo oficial reconoce, formalmente, que una entidad o persona es competente para llevar a cabo unas determinadas funciones.

5. Una auditoría externa es realiza por:

a) Agentes que tengan relación o intereses con la propia organización.
b) La propia empresa.
c) Organizaciones independientes a la propia empresa.
d) Personal contratado por la empresa para tal fin.

6. ¿Qué indicador sanitario es aquel que trata sobre el número de quejas y reclamaciones, según el atributo del proceso asistencial?

a) Indicador de estructura.
b) Indicador de proceso.
c) Indicador de resultado.
d) Indicador de valorativo.

7. No es una función del Técnico/a Superior en Anatomía Patológica y Citología (TEAP) basadas en su competencia general:

a) Procesar muestras histológicas y citológicas.
b) Seleccionar y hacer la aproximación diagnóstica de citologías ginecológicas y generales.
c) Colaborar en la realización de necropsias clínicas y forenses, de manera que sirvan como soporte al diagnóstico clínico o médico-legal, organizando y programando el trabajo, y cumpliendo criterios de calidad del servicio y de optimización de recursos, bajo la supervisión facultativa correspondiente.
d) Obtener todo tipo de muestras que se procesan en el servicio de anatomía patológica.

8. ¿Cómo se denomina al procedimiento mediante el cual un organismo autorizado da reconocimiento formal de que una organización es competente para llevar a cabo tareas específicas?

a) Normalización.
b) Acreditación.
c) Certificación.
d) Protocolo.

9. ¿Cuál es la norma ISO para los laboratorios clínicos y sus requisitos particulares para la calidad y la competencia?

a) UNE-EN ISO 15189:2013.
b) UNE-EN ISO/IEC 17025:2005.

c) UNE ISO-13485:2013.
d) UNIT-ISO/TS 22367:2008.

10. En anatomía patológica, de forma general, los procedimientos preanalíticos más importantes que se realizan dentro del laboratorio incluyen los siguientes excepto uno. Indica cuál:

a) Distribución de muestras.
b) Transporte de las muestras.
c) Confección de los bloques.
d) Recepción, identificación y registro de muestras.

11. Los procedimientos postanalíticos en anatomía patológica incluyen:

a) Técnicas de inmunohistoquímica.
b) El etiquetado de las láminas.
c) Prevención de errores de trascripción y de la emisión de informes incompletos.
d) Traslado de la muestra.

12. La gran mayoría de los problemas de la fase de los procedimientos postanalíticos incluyen errores relacionados con:

a) El etiquetado de los bloques.
b) El ingreso de las muestras y su procesamiento en el laboratorio.
c) El frasco que contiene la muestra o en el portaobjetos con el frotis.
d) La trascripción, corrección y validación del informe anatomopatológico.

En MADTEST tienes **más preguntas de este tema, comentadas y argumentadas**, y todos tus avances quedan registrados y se reflejan en el ranking.

¡Supera tus límites con MADTEST!

A continuación te presentamos algunos ejemplos de preguntas comentadas:

13. ¿No es un objetivo en la política del manual de calidad de un laboratorio de anatomía patológica?

a) Las practicas operáticas.
b) El nivel científico técnico.
c) Los procedimientos.
d) Las secuencias de las actividades para asegurar la calidad.

Respuesta correcta: b) El nivel científico técnico.

El nivel científico técnico no es un objetivo en la política del manual de calidad de un laboratorio de anatomía patológica. Los objetivos en la política del manual de calidad de un laboratorio de anatomía patológica generalmente se centran en asegurar la calidad de los procedimientos, la precisión en las secuencias de actividades y las prácticas operativas efectivas.

14. ¿Cómo se denominan los criterios que son elaborados por profesionales y en los que se especifican las condiciones a seguir en una determinada situación?

a) Estándares.
b) Implícitos.
c) Implícitos normativos.
d) Explícitos.

Respuesta correcta: d) Explícitos.

Los criterios explícitos son aquellos que están claramente definidos y especificados por profesionales para guiar las acciones y condiciones en una determinada situación.

A diferencia de los criterios implícitos, que pueden no estar claramente definidos o ser menos evidentes, los criterios explícitos son transparentes y fáciles de identificar. Estos criterios son fundamentales en diversas áreas profesionales, ya que proporcionan pautas claras para la toma de decisiones y la evaluación de situaciones.

15. ¿Qué principio de los que se nombra no se incluye en un Sistema de Salud Perfecto según la OMS?

a) Equidad.
b) Eficacia.
c) Eficiencia.
d) Universalidad.

Respuesta correcta: b) Eficacia.

La eficacia se refiere a la capacidad de lograr resultados deseados o esperados. Sin embargo, la eficacia no es el principio que se incluye en un Sistema de Salud Perfecto según la OMS, ya que este se enfoca en otros principios como la equidad, la eficiencia y la universalidad.

Los principios que se incluyen en un Sistema de Salud Perfecto según la Organización Mundial de la Salud (OMS) son los siguientes:

- Universalidad.
- Integración de prevención, promoción, tratamiento y rehabilitación.
- Equidad.
- Eficiencia.
- Funcionalidad.
- Participación de la población.

Solución al test n.º 8

1. d) Equidad.

2. b) Eficiencia.

3. b) Se centra en el resultado.

4. a) Toda actividad colectiva encaminada a establecer soluciones a situaciones repetitivas y consiste en la elaboración, difusión y aplicación de normas.

5. c) Organizaciones independientes a la propia empresa.

6. c) Indicador de resultado.

7. d) Obtener todo tipo de muestras que se procesan en el servicio de anatomía patológica.

8. b) Acreditación.

9. a) UNE-EN ISO 15189:2013.

10. b) Transporte de las muestras.

11. c) Prevención de errores de trascripción y de la emisión de informes incompletos.

12. d) La trascripción, corrección y validación del informe anatomopatológico.

13. b) El nivel científico técnico.

14. d) Explícitos.

15. b) Eficacia.

TEST N.º 9

Introducción a la histotecnología aplicada al laboratorio de anatomía patológica: funciones de los Técnicos especialistas en anatomía patológica. Concepto y objeto de la histotecnología. Conceptos de biopsia y pieza quirúrgica. Conceptos de preparación histológica

1. Se denominan estudios citohistológicos vitales:

a) Aquellos realizados sobre células o tejidos vivos, pero separados del organismo del que proceden.

b) Aquellos que se realizan sobre células o tejidos vivos sin ser separados del organismo del que proceden.

c) El estudio de la observación de la microcirculación sanguínea.

d) El estudio de material celular muerto.

2. En referencia con la preparación de la muestra para el envío al Servicio de Anatomía Patológica, indica la opción incorrecta:

a) Las muestras de tejido para biopsia deben superar los 2 cm de diámetro.

b) No se envía la totalidad de la muestra.

c) No se introduce la muestra a presión dentro del envase.

d) Las biopsias intraoperatorias se envían en fresco dentro de una gasa humedecida con suero salino.

3. Señala cuál no es una función del Técnico/a de Anatomía Patológica:

a) Extracción de biopsias.

b) Registro e inscripción de biopsias.

c) Fijación de las muestras.

d) Mantenimiento y puesta en marcha de los procesadores automáticos de tejidos para la inclusión.

4. ¿Cómo se denomina la muestra de tejido de pequeño calibre, que ha sido seccionada mediante el micrótomo de un bloque, incluido en un medio homogeneizado y teñido?

a) Citología.
b) Preparación histológica.
c) Pieza quirúrgica.
d) Impronta.

5. Se denomina material histológico:

a) A toda muestra de tejidos obtenida de un individuo sano con la finalidad de investigar su estructura y composición.
b) A las muestras procedentes de individuos o animales enfermos utilizadas para el diagnóstico.
c) A las muestras procedentes de individuos para investigación etiológica de la enfermedad.
d) Todas las opciones son correctas.

6. Una porción de tejido obtenido de un individuo vivo para su estudio anatomopatológico es:

a) Extensión citológica.
b) Biopsia.
c) Impronta.
d) Necropsia.

7. Las piezas quirúrgicas son:

a) De mayor tamaño que la biopsia de diagnóstico.
b) Pueden ser órganos enteros.
c) Incluyen toda la lesión.
d) Todas son ciertas.

8. La pieza quirúrgica sirve:

a) Para realizar el tratamiento de una enfermedad.
b) Confirmar el diagnóstico.
c) Establecer un pronóstico.
d) Confirmar la etiología.

9. Las biopsias de diagnóstico tienen como objetivo fundamental:

a) Realizar el tratamiento.
b) Concretar el diagnóstico histopatológico (microscópico) de una enfermedad.

c) Establecer pronóstico.
d) Ninguna es correcta.

10. Un conjunto de células independientes procedentes de un tejido y extendidas sobre un portaobjetos en forma de capa unicelular que permite su observación microscópica se denomina:

a) Preparación histológica.
b) Impronta.
c) Extensión citológica.
d) Biopsia.

11. En órganos donde las células tiene escasos nexos de unión entre sí y con las restantes estructuras tisulares (ejemplo: órganos hematopoyéticos; médula ósea, bazo y ganglios linfáticos) es posible obtener una capa unicelular sobre el portaobjetos por contacto directo de éste con la superficie de la sección del órgano, sin que sea necesario realizar raspado o exfoliación previa, denominándose a esto:

a) Frotis.
b) Impronta.
c) Extensión celular.
d) Preparación celular.

12. Existen dos tipos de biopsias, las de diagnóstico y la pieza quirúrgica. Es una característica de la biopsia de diagnóstico:

a) Su pequeño tamaño.
b) No comprenden la totalidad de una lesión.
c) Suelen ser cilindros de punción renal y hepática, biopsias cutáneas.
d) Todas las opciones son correctas.

En MADTEST tienes **más preguntas de este tema, comentadas y argumentadas**, y todos tus avances quedan registrados y se reflejan en el ranking.

¡Supera tus límites con MADTEST!

A continuación te presentamos algunos ejemplos de preguntas comentadas:

13. ¿Cómo se denomina la extracción de una pequeña porción de tejido vivo para su examen microscópico o cultivo con la finalidad de llegar a un diagnóstico?

a) Citología.
b) Preparación histológica.

c) Biopsia.
d) Todas son correctas.

Respuesta correcta: c) Biopsia.

Una biopsia es el procedimiento médico en el que se extrae una pequeña muestra de tejido vivo del cuerpo con el propósito de examinarlo bajo el microscopio o de realizar cultivos con el fin de llegar a un diagnóstico preciso. Este procedimiento es fundamental en medicina para determinar la naturaleza de las enfermedades, como el cáncer, las infecciones y otras afecciones que afectan los tejidos y órganos del cuerpo.

14. Se denomina histotecnología:

a) A la ciencia que estudia los fundamentos técnicos y el proceso de manipulación de los tejidos para su análisis.
b) Al estudio de las distintas enfermedades producidas en el tejido.
c) A la ciencia que estudia los tejidos sin vida.
d) Todas las opciones son correctas.

Respuesta correcta: a) A la ciencia que estudia los fundamentos técnicos y el proceso de manipulación de los tejidos para su análisis.

La histotecnología es la ciencia que estudia los fundamentos técnicos y los procesos de manipulación de los tejidos biológicos con el objetivo de preparar muestras para su análisis microscópico. Esto incluye técnicas de fijación, inclusión, corte, tinción y montaje de las muestras para su examen histológico. Es una disciplina fundamental en el campo de la anatomía patológica y la investigación biomédica, ya que proporciona las herramientas necesarias para la visualización y el estudio de los tejidos a nivel microscópico.

15. Un fragmento de tejido que está dispuesto para su observación microscópica es denominado:

a) Biopsia.
b) Pieza quirúrgica.
c) Preparación histológica.
d) Extensión citológica.

Respuesta correcta: c) Preparación histológica.

Una preparación histológica es un fragmento de tejido que ha sido procesado y preparado específicamente para su observación bajo un microscopio. Este proceso implica una serie de pasos, que incluyen la fijación del tejido en un agente conservante, el corte fino de secciones delgadas, la tinción para resaltar diferentes estructuras celulares o componentes tisulares, y finalmente el montaje en portaobjetos para su examen microscópico. Las preparaciones histológicas son fundamentales en el diagnóstico médico, la investigación científica y la enseñanza de la anatomía y la histología, ya que permiten el estudio detallado de la estructura y la composición de los tejidos biológicos.

Solución al test n.º 9

1. b) Aquellos que se realizan sobre células o tejidos vivos sin ser separados del organismo del que proceden.

2. a) Las muestras de tejido para biopsia deben superar los 2 cm de diámetro.

3. a) Extracción de biopsias.

4. b) Preparación histológica.

5. a) A toda muestra de tejidos obtenida de un individuo sano con la finalidad de investigar su estructura y composición.

6. b) Biopsia.

7. d) Todas son ciertas.

8. b) Confirmar el diagnóstico.

9. b) Concretar el diagnóstico histopatológico (microscópico) de una enfermedad.

10. c) Extensión citológica.

11. b) Impronta.

12. d) Todas las opciones son correctas.

13. c) Biopsia.

14. a) A la ciencia que estudia los fundamentos técnicos y el proceso de manipulación de los tejidos para su análisis.

15. c) Preparación histológica.

TEST N.º 10

Técnicas generales de autopsia y estudio macroscópico. Las salas de autopsia y macroscopia. Funciones del Técnico Especialista en anatomía patológica en relación con las autopsias y los estudios macroscópicos

1. ¿En qué situaciones está indicada la práctica de la autopsia clínica?

a) Muertes en las que la autopsia pueda contribuir a la explicación de las complicaciones médicas surgidas.

b) En los casos en los que la causa de la muerte o el diagnóstico principal no sea conocido con seguridad.

c) Muertes de pacientes que participaban en protocolos de investigación.

d) En todo lo anterior está indicada la práctica de la autopsia clínica.

2. ¿En qué consiste la técnica de Virchow?

a) Consiste en la disección de los órganos por separado, comenzando por la cavidad craneal, y siguiendo por el cuello, cavidad torácica y abdomen.

b) Consiste en extraer los órganos en dos bloques.

c) Consiste en extraer los órganos en tres bloques, y realizándose la disección separada de cada bloque.

d) Se trata de la extracción de un solo bloque de todas las vísceras. La disección se realiza fuera del cadáver.

3. ¿Cuáles son los documentos mínimos necesarios para la realización del estudio postmortem?

a) Datos de identificación y ubicación o procedencia del paciente.

b) Resumen de la historia clínica.

c) Riesgos especiales que obliguen al patólogo a tomar medidas de autoprotección.

d) Todos son documentos para la realización de la autopsia.

4. ¿Qué es un costótomo?

a) Tijeras de brazos curvos.

b) Tijeras romas.

c) Tijeras para cortar huesos, parrilla costal y materiales duros.
d) Tijeras con un brazo puntiagudo y otro romo.

5. Habitualmente, los órganos extraídos durante la autopsia, tras su descripción, tendremos que:

a) Fijarlos en la solución adecuada.
b) Congelarlos hasta que se vayan a procesar.
c) Tallarlos y procesarlos.
d) Conservarlos en cámara frigorífica hasta el momento de su tallado la semana siguiente.

6. ¿Qué es una ecopsia?

a) Método terapéutico que utiliza los ultrasonidos.
b) Técnica de autopsia que obtiene material del cadáver para estudio anatomo patológico, mediante punciones y/o aspiraciones guiadas por ecografía.
c) Es la obtención de piezas quirúrgicas con el apoyo de la ecografía.
d) Método diagnóstico que consiste en localizar patologías mediante ecografía.

7. Al realizar la toma de muestra de cada órgano estudiado:

a) Se tomará al menos una muestra representativa.
b) Se tomarán al menos dos muestras representativas.
c) Se tomarán todas las muestras necesarias.
d) Sólo se tomarán muestras en el caso de que exista patología aparente.

8. ¿Cómo es el aspecto normal del hígado?

a) Arrugado, brillante y rojo.
b) Liso, brillante y rojizo.
c) Duro, compacto y rojizo.
d) Blando, elástico y rojo.

9. Para estudiar el estómago lo abrimos:

a) Por su curvatura menor.
b) Por su curvatura mayor.
c) Por el cardias.
d) Por el píloro.

10. Se conoce como hiperplasia:

a) El aumento de tamaño de las células de un tejido.
b) El aumento en el número de las células de un tejido.
c) El aumento de tamaño del núcleo celular.
d) La desproporción entre el tamaño del núcleo y el citoplasma, a favor del citoplasma.

11. Las dimensiones de las mesas de autopsias son:

a) 2,10 m de longitud x 0,75 m de anchura.
b) 2 m de longitud x 1 m de anchura.
c) 2,5 m longitud x 1 m de anchura.
d) Todas son falsas.

12. El bloque pélvico en la mujer se separa en sus tres componentes, siendo el componente anterior:

a) Recto.
b) Aparato genital femenino.
c) Vejiga y uretra.
d) Pubis.

En MADTEST tienes **más preguntas de este tema, comentadas y argumentadas**, y todos tus avances quedan registrados y se reflejan en el ranking.

¡Supera tus límites con MADTEST!

A continuación te presentamos algunos ejemplos de preguntas comentadas:

13. ¿En qué consiste la técnica de Letulle?

a) Consiste en la disección de los órganos por separado, comenzando por la cavidad craneal, y siguiendo por el cuello, cavidad torácica y abdomen.
b) Consiste en extraer los órganos en dos bloques.
c) Consiste en extraer los órganos en tres bloques, y realizándose la disección separada de cada bloque.
d) Se trata de la extracción en un solo bloque de todas las vísceras. La disección se realiza fuera del cadáver.

Respuesta correcta: d) Se trata de la extracción en un solo bloque de todas las vísceras. La disección se realiza fuera del cadáver.

La técnica de Letulle es un procedimiento utilizado en anatomía patológica para la extracción y disección de órganos con el fin de realizar estudios post mortem. Esta técnica implica la extracción de todas las vísceras en un solo bloque del cadáver, seguido de su disección fuera del cuerpo. Esto permite una visualización más detallada de las estructuras internas y facilita la identificación de posibles patologías o lesiones. La técnica de Letulle es especialmente útil en casos de autopsias forenses o médico-legales, donde se requiere una evaluación exhaustiva de los órganos para determinar la causa de la muerte o para recopilar información relevante para investigaciones criminales o médicas.

14. La línea de disección del intestino viene dada:

a) Por la línea de inserción del mesotelio.
b) Por las placas de Peyer.
c) Por cortes paralelos en todo el intestino.
d) Por cortes perpendiculares en todo el intestino.

Respuesta correcta: a) Por la línea de inserción del mesotelio.

La línea de disección del intestino se define por la línea de inserción del mesotelio, que es la capa serosa que cubre la superficie externa del intestino. Esta línea indica dónde se encuentra la unión entre la capa muscular externa (la muscular externa) y la capa serosa (formada por el mesotelio y el tejido conectivo subyacente). Durante la disección del intestino, es importante seguir esta línea para preservar la integridad de las capas y evitar lesiones.

15. ¿De qué tonalidad son las livideces?

a) Rosadas o azuladas.
b) Rojas.
c) Amarillas.
d) No presentan tonalidad sino dureza.

Respuesta correcta: a) Rosadas o azuladas.

Las livideces, también conocidas como manchas de lividez o manchas de hipostasis, son áreas de decoloración en la piel que se desarrollan después de la muerte debido al estancamiento de la sangre en los vasos sanguíneos. Inicialmente, las livideces suelen tener una tonalidad rosada debido a la oxigenación residual de la sangre. Sin embargo, con el tiempo, la falta de oxígeno causa que la sangre se vuelva más oscura, lo que resulta en una tonalidad azulada o violácea en las áreas de lividez.

Solución al test n.º 10

1. d) En todo lo anterior está indicada la práctica de la autopsia clínica.

2. a) Consiste en la disección de los órganos por separado, comenzando por la cavidad craneal, y siguiendo por el cuello, cavidad torácica y abdomen.

3. d) Todos son documentos para la realización de la autopsia.

4. c) Tijeras para cortar huesos, parrilla costal y materiales duros.

5. a) Fijarlos en la solución adecuada.

6. b) Técnica de autopsia que obtiene material del cadáver para estudio anatomo patológico, mediante punciones y/o aspiraciones guiadas por ecografía.

7. b) Se tomarán al menos dos muestras representativas.

8. b) Liso, brillante y rojizo.

9. b) Por su curvatura mayor.

10. a) El aumento de tamaño de las células de un tejido.

11. a) 2,10 m de longitud x 0,75 m de anchura.

12. c) Vejiga y uretra.

13. d) Se trata de la extracción en un solo bloque de todas las vísceras. La disección se realiza fuera del cadáver.

14. a) Por la línea de inserción del mesotelio.

15. a) Rosadas o azuladas.

TEST N.º 11

Fundamentos generales sobre procesamiento histológico de los tejidos. Equipación general de un laboratorio de anatomía patológica. Tratamiento de los cortes previo y posterior a la coloración

1. Algunos fijadores presentan un efecto nocivo que impide el desarrollo óptimo del proceso de inclusión o coloración; este inconveniente se soluciona:

a) Descalcificando la muestra.
b) Lavando las piezas una vez terminada la fijación.
c) Deshidratando la muestra.
d) Aclarando.

2. ¿Qué micrótomo se utiliza para obtener secciones de hueso?

a) Crióstato.
b) De rotación.
c) Jung.
d) Minot.

3. ¿Cómo se denomina el proceso que elimina el alcohol de las piezas?

a) Lavado.
b) Deshidratación.
c) Aclaramiento.
d) Inclusión.

4. El xileno (xilol) se emplea en el procesado de tejidos:

a) Para aumentar la elasticidad del tejido.
b) Como aclarante.
c) Completar la deshidratación.
d) Todas las anteriores.

5. La descalcificación es un proceso químico que elimina las sales de calcio presentes en los tejidos para facilitar su estudio, pero presenta algunos inconvenientes, entre ellos:

a) La pérdida de las características óseas.
b) Alteración estructural de la muestra.
c) Calcificación de las células óseas.
d) Alta toxicidad.

6. La confección de bloques en la última operación en el proceso histológico y consiste en la obtención de un bloque sólido de tejido más medio de inclusión, mediante enfriamiento lento a:

a) 0 -2 ºC.
b) 5-10 ºC.
c) 10-15 ºC.
d) -2- 0 ºC.

7. Para una correcta penetración de los colorantes se debe previamente extraer el medio de inclusión sobre cortes de tejido incluidos en parafina, pero esto no se realiza en cortes incluidos en:

a) Celoidina.
b) Criostáticos.
c) Plexiglás.
d) Las opciones a) y b) son correctas.

8. Una vez terminada la coloración tisular los tejidos serán:

a) Deshidratados.
b) Aclarados.
c) Lavados.
d) Las opciones a) y b) son correctas.

9. La deshidratación se realiza con:

a) Baños sucesivos de alcohol etílico de graduación creciente.
b) Tres baños de xileno.
c) Baños de alcohol de graduación decreciente.
d) Baños de éter.

10. Señala la respuesta incorrecta con respeto a la organización general del laboratorio de anatomía patológica:

a) Los instrumentos para la inclusión automática de tejidos y la confección de bloques deben estar en una habitación independiente o aislada en campanas de extracción de gases.
b) En la zona más iluminada del laboratorio se ubicaran los micrótomos y los baños para extensión de cortes.

c) Será necesario que haya como mínimo cuatro microscopios.

d) Los materiales inflamables y explosivos se almacenarán fuera del laboratorio principal.

11. Entre los equipos para procesamiento de muestras de citología se incluyen:

a) Centrifuga.
b) Citocentrifuga.
c) Sistemas de filtros de membranas.
d) Todas son correctas.

12. Entre los equipos utilizados en técnicas de microscopia electrónica se incluyen:

a) Microscopio electrónico de transmisión de alta resolución.
b) Ultramicrotomo de avance mecánico.
c) Máquina de fabricación de cuchillas de vidrio.
d) Todas son correctas.

En MADTEST tienes **más preguntas de este tema, comentadas y argumentadas**, y todos tus avances quedan registrados y se reflejan en el ranking.

¡Supera tus límites con MADTEST!

A continuación te presentamos algunos ejemplos de preguntas comentadas:

13. Para obtener un endurecimiento de las piezas al aumentar su consistencia, se utiliza:

a) El aclaramiento.
b) La deshidratación.
c) La inclusión.
d) La descalcificación.

Respuesta correcta: b) La deshidratación.

La deshidratación es un proceso importante en la preparación de muestras en anatomía patológica. Consiste en eliminar el agua de los tejidos mediante el uso de solventes como el alcohol. Este proceso ayuda a preservar los tejidos y a aumentar su consistencia, lo que facilita su manejo durante los siguientes pasos del procesamiento, como la inclusión en parafina y el corte en secciones delgadas para su examen microscópico. La deshidratación contribuye al endurecimiento de las piezas al eliminar el agua de los tejidos.

14. Las estaciones de inclusión constan de:

a) Dispensador de parafina líquida.
b) Placa caliente para la orientación de las piezas.
c) Placa fría para la solidificación del bloque.
d) De todo lo anterior.

Respuesta correcta: d) De todo lo anterior.

Las estaciones de inclusión en anatomía patológica son áreas de trabajo equipadas con varios dispositivos y herramientas necesarios para el proceso de inclusión de muestras en parafina. Esto incluye un dispensador de parafina líquida para verter parafina sobre las muestras, una placa caliente para orientar las piezas, y una placa fría para la solidificación del bloque de parafina. Estos componentes trabajan en conjunto para asegurar que las muestras estén correctamente orientadas y embebidas en parafina, lo que facilita su corte en secciones delgadas para el análisis microscópico.

15. En la confección de bloques de parafina, ¿de qué material son los bloques?

a) Cuarzo.
b) Vidrio.
c) Metálicos.
d) Plástico borosilicatado.

Respuesta correcta: c) Metálicos.

Los bloques de parafina son contenedores utilizados para contener la parafina derretida y las muestras de tejido durante el proceso de inclusión en anatomía patológica. Estos bloques suelen ser metálicos, ya que el metal es un material resistente al calor y puede soportar las temperaturas necesarias para fundir la parafina y realizar el proceso de inclusión de las muestras. Los bloques metálicos también son duraderos y pueden reutilizarse varias veces.

Solución al test n.º 11

1. b) Lavando las piezas una vez terminada la fijación.

2. c) Jung.

3. c) Aclaramiento.

4. b) Como aclarante.

5. a) La pérdida de las características óseas.

6. c) 10-15 ºC.

7. d) Las opciones a) y b) son correctas.

8. d) Las opciones a) y b) son correctas.

9. a) Baños sucesivos de alcohol etílico de graduación creciente.

10. c) Será necesario que haya como mínimo cuatro microscopios.

11. d) Todas son correctas.

12. d) Todas son correctas.

13. b) La deshidratación.

14. d) De todo lo anterior.

15. c) Metálicos.

Operaciones físico-químicas básicas en el laboratorio de anatomía patológica/citología: preparación de disoluciones y tampones

1. Cuando la cantidad de soluto sobrepasa la capacidad del disolvente en una disolución, se conoce como:

a) Disolución diluida.
b) Disolución insaturada.
c) Disolución saturada.
d) Disolución concentrada.

2. Cuando la fase dispersa del sistema es un sólido y el medio un líquido, recibe el nombre de:

a) Dispersión.
b) Suspensión.
c) Emulsión.
d) Disolución.

3. Una emulsión es:

a) Una disolución compuesta por un disolvente líquido y un soluto sólido.
b) Una disolución compuesta por disolvente y soluto líquidos.
c) Una disolución compuesta por un disolvente y un soluto sólidos.
d) Ninguna de las respuestas anteriores es correcta.

4. Son propiedades del agua para que sea el medio idóneo de las reacciones:

a) El agua es mejor disolvente que la mayor parte de los líquidos corrientes.
b) El agua tiene los puntos de fusión y ebullición, así como los calores de evaporización y de fusión más elevados que los de la mayoría de los líquidos ordinarios.
c) Es barata.
d) Todas son correctas.

5. El punto de ebullición:

a) Se define como la temperatura a la que la presión de vapor de un líquido ase iguala a la presión atmosférica.

b) se define como la temperatura a la que hierve el líquido cuanto la presión exterior es de 860 mm de Hg (2 atmósferas de presión).

c) Se define como la temperatura a la que una sustancia se licua.

d) Todas son correctas.

6. La presión osmótica depende:

a) De la concentración molar y la temperatura.

b) Del disolvente.

c) Del soluto.

d) Todas son correctas.

7. ¿Qué disoluciones poseen la particularidad de ser conductoras de electricidad?

a) La de los ácidos.

b) La de los hidróxidos.

c) La de las sales.

d) Todas son correctas.

8. Una solución verdadera es aquella:

a) En la que se aprecian pequeñas agrupaciones de moléculas o iones.

b) En la que no se ven partículas visibles después de homogeneizar soluto y disolvente.

c) En la que el diámetro de la partícula es inferior a 10-3 µ.

d) En la que el diámetro de la partícula es superior a 10-3 µ.

9. No se utiliza como patrón primario:

a) Cloruro de sodio.

b) Sodio cloruro.

c) Ácido benzoico.

d) Potasio bromato.

10. El punto de equivalencia de una valoración se alcanza cuando:

a) La cantidad de valorante añadido es químicamente igual a la cantidad de analito que hay en la muestra.

b) La cantidad de valorante añadido es químicamente superior a la cantidad de analito que hay en la muestra.

c) La cantidad de valorante añadido es químicamente inferior a la cantidad de analito que hay en la muestra.

d) Ninguna de las respuestas es cierta.

11. Señala lo correcto sobre la conservación de las disoluciones.

a) Por lo general se conservan en frascos de vidrio etiquetados.
b) Algunas se conservan refrigeradas a temperaturas entre 1-4 ºC.
c) La mayoría de las disoluciones se deben esterilizar.
d) Todas son correctas.

12. ¿Qué métodos se utilizaría para separar los componentes de una mezcla heterogénea con distinta densidad?

a) Filtración.
b) Tamizado.
c) Centrifugación.
d) Atracción magnética.

En MADTEST tienes **más preguntas de este tema, comentadas y argumentadas**, y todos tus avances quedan registrados y se reflejan en el ranking.

¡Supera tus límites con MADTEST!

A continuación te presentamos algunos ejemplos de preguntas comentadas:

13. Se puede expresar en porcentajes:

a) Molaridad.
b) En peso.
c) En peso/volumen.
d) Las respuestas b) y c) son correctas.

Respuesta correcta: d) Las respuestas b) y c) son correctas.

Porcentajes o tanto por ciento:
– En peso.
– En volumen.
– En peso/volumen.

14. La molaridad es:

a) El número de moles de soluto/volumen de disolución en litros.
b) El número de moles de soluto/kilos de solvente.

c) El número de moles de soluto/volumen de disolvente en litros.
d) El número de equivalentes de soluto/volumen de disolución en litros.

Respuesta correcta: a) El número de moles de soluto/volumen de disolución en litros.

La molaridad es número de moles de soluto que se encuentran disueltos en un litro de disolución.

15. Señala el enunciado correcto:

a) Una disolución es ácida cuando el pH es menor de 7.
b) Una disolución es básica cuando el pH es mayor de 7.
c) Una disolución es neutra cuando el pH es igual a 7.
d) Todos son enunciados correctos.

Respuesta correcta: d) Todos son enunciados correctos.

– Si la disolución es ácida, el pH es menor de 7 y si es básica, el pH es mayor de 7.
– Si el pH de la disolución es 7, la disolución es neutra.

Solución al test n.º 12

1. c) Disolución saturada.

2. b) Suspensión.

3. b) Una disolución compuesta por disolvente y soluto líquidos.

4. d) Todas son correctas.

5. a) Se define como la temperatura a la que la presión de vapor de un líquido ase iguala a la presión atmosférica.

6. a) De la concentración molar y la temperatura.

7. d) Todas son correctas.

8. c) En la que el diámetro de la partícula es inferior a 10-3 μ.

9. a) Cloruro de sodio.

10. a) La cantidad de valorante añadido es químicamente igual a la cantidad de analito que hay en la muestra.

11. d) Todas son correctas.

12. c) Centrifugación.

13. d) Las respuestas b) y c) son correctas.

14. a) El número de moles de soluto/volumen de disolución en litros.

15. d) Todos son enunciados correctos.

TEST N.º 13

Fundamentos del proceso de fijación tisular: principios generales de la fijación tisular. Tipos de fijación. Clases de agentes fijadores según su mecanismo de actuación. Fijación en microscopia electrónica. Reglas generales a observar en el empleo de líquidos fijadores

1. Indica cuál de las siguientes no es una característica de un buen fijador:

a) Que tenga capacidad de bloquear la autolisis tardía.
b) Que posea efecto microbicida.
c) Que no provoque retracciones o distorsiones que determinen alteraciones en su arquitectura.
d) Introducción en la textura y composición tisular que favorezca la inclusión, el corte y la coloración del material histológico.

2. ¿Cuál de los siguientes fijadores no actúa en el estado coloidal de las proteínas?

a) Cloruro mercúrico.
b) Ácido acético.
c) Ácido crómico.
d) Ácido tricloroacético.

3. ¿Cuál de los siguientes fijadores tiene una buena velocidad de penetración?

a) Ácido pícrico.
b) Ácido crómico.
c) Alcohol etílico.
d) Ácido tricloroacético.

4. Señala cuál de los siguientes es un fijador por método físico:

a) Congelación.
b) Glutaraldehído.
c) Tetraóxido de osmio.
d) Acetona.

5. ¿Qué fijador de los que se citan fija y deshidrata al mismo tiempo, posee gran velocidad de penetración y precipita rápidamente las proteínas y el glucógeno además de ser un potente agente bactericida?

a) Ácido acético.
b) Cloroformo.
c) Acetona.
d) Alcohol etílico.

6. ¿Qué fijador es excelente para conservar los caracteres morfológicos celulares y es el de elección para patologías hematopoyéticas y renales, además de ser un excelente mordiente?

a) Ácido pícrico.
b) Cloruro mercúrico.
c) Dicromato potásico.
d) Formaldehído.

7. ¿Qué inconvenientes presenta el ácido tricloroacético?

a) Disuelve las nucleoproteínas.
b) Disuelve los ácidos nucleicos.
c) Produce un hinchamiento excesivo de los tejidos y produce numerosos artefactos.
d) Todos son inconvenientes.

8. ¿Qué fijador (por formación de sales con los tejidos) posee efecto mordiente, es excelente fijador para lípidos complejos y su utilización es indispensable para demostrar la reacción cromafín y realizar las técnicas de Golgi para impregnación argéntica?

a) Ácido pícrico.
b) Dicromato potásico.
c) Acetato de uranilo.
d) Ácido crómico.

9. ¿Qué fijador utilizará el Técnico/a para el glucógeno y pigmentos derivados de la hemoglobina?

a) Müller.
b) Bouin.
c) Gendre.
d) Ninguno de ellos.

10. El método del oxalato cálcico como prueba de control sobre el grado de descalcificación tisular es un método:

a) Químico.
b) Físico.

c) Radiológico.

d) Ninguno de los anteriores.

11. El tetraóxido de osmio:

a) Se encuentra en forma de cristales amarillos solubles en H_2O, y es muy volátil además de tóxico.

b) Se utiliza como segundo fijador para membranas y organelas, y al mismo, preserva muy bien las estructuras o sustancias del citoplasma.

c) Tiene una alta densidad electrónica y aumenta el contraste entre las estructuras pero produce cambios en el color de las piezas.

d) Todas las opciones son correctas.

12. No es un inconveniente del tetraóxido de osmio:

a) Difícil conservación por ser una sustancia fotosensible.

b) Alta capacidad de penetración.

c) Incompatibilidad con fijadores reductores como el formaldehído y con la coloración de PAS.

d) Inactiva completamente las enzimas y altera notablemente la composición antigénica tisular.

En MADTEST tienes **más preguntas de este tema, comentadas y argumentadas**, y todos tus avances quedan registrados y se reflejan en el ranking.

¡Supera tus límites con MADTEST!

A continuación te presentamos algunos ejemplos de preguntas comentadas:

13. El fijador de Bouin-alcohólico es una alternativa a la mezcla de Bouin y su utilización principal es para la fijación de:

a) Piezas grandes y para la fijación de glucógeno. Se utiliza, sobre todo para trabajar con el hígado y músculos.

b) Para piel, testículos y tejidos embrionarios.

c) Para riñón.

d) Para tejido nervioso.

Respuesta correcta: a) Piezas grandes y para la fijación de glucógeno. Se utiliza, sobre todo para trabajar con el hígado y músculos.

El fijador de Bouin-alcohólico es una variante del fijador de Bouin que incluye alcohol etílico en lugar de metanol. Esta solución se utiliza principalmente para la fijación de piezas grandes y para la preservación del glucógeno en muestras histológicas, especialmente en tejidos como el hígado y los músculos. El alcohol etílico en esta solución ayuda a reducir la contracción excesiva de los tejidos, que es un problema común con el fijador de Bouin original.

14. ¿Qué fijador presenta como inconvenientes ser fuerte reductor, y por consiguiente incompatible con fijadores oxidantes como el dicromato y el tetróxido de osmio, no fijador de cromatina, endurece y contrae excesivamente los tejidos, pierde actividad progresivamente, no es mordiente, y da fenómenos de desplazamiento de sustancias?

a) Ácido acético.
b) Alcohol etílico.
c) Tricloroacético.
d) Ácido crómico.

Respuesta correcta: b) Alcohol etílico.

El alcohol etílico es un fijador comúnmente utilizado en la anatomía patológica y citodiagnóstico. Sin embargo, presenta varios inconvenientes:

Es un fuerte reductor, lo que lo hace incompatible con fijadores oxidantes como el dicromato y el tetróxido de osmio. No fija la cromatina, una sustancia dentro del núcleo celular que contiene el ADN. Endurece y contrae excesivamente los tejidos, lo que puede dificultar el examen microscópico. Pierde actividad progresivamente, lo que significa que su efectividad disminuye con el tiempo. No es mordiente, es decir, no ayuda a que los tintes se adhieran a los tejidos durante la tinción. Puede causar fenómenos de desplazamiento de sustancias, lo que puede alterar la distribución normal de ciertos componentes celulares.

15. El líquido de Carnoy:

a) Es el mejor fijador para el glucógeno.
b) Fija hidratos de carbono simples.
c) Fija las proteínas fibrilares, sobre todo miofibrillas.
d) Todas son correctas.

Respuesta correcta: d) Todas son correctas.

El líquido de Carnoy es una solución fijadora compuesta principalmente por alcohol, ácido acético y cloroformo. Esta solución tiene múltiples aplicaciones en anatomía patológica, como la fijación de proteínas fibrilares, especialmente miofibrillas, así como la fijación de glucógeno y otros componentes celulares. Por lo tanto, todas las opciones mencionadas en la pregunta son correctas.

Solución al test n.º 13

1. a) Que tenga capacidad de bloquear la autolisis tardía.

2. a) Cloruro mercúrico.

3. c) Alcohol etílico.

4. a) Congelación.

5. d) Alcohol etílico.

6. b) Cloruro mercúrico.

7. d) Todos son inconvenientes.

8. b) Dicromato potásico.

9. c) Gendre.

10. a) Químico.

11. d) Todas las opciones son correctas.

12. b) Alta capacidad de penetración.

13. a) Piezas grandes y para la fijación de glucógeno. Se utiliza, sobre todo para trabajar con el hígado y músculos.

14. b) Alcohol etílico.

15. d) Todas son correctas.

**Descalcificación y reblandecimiento tisular.
Soluciones descalcificantes más utilizadas. Aceleración del proceso
de descalcificación química mediante ultrasonidos.
Descalcificación electrolítica**

1. Se define la descalcificación como:

a) El proceso que elimina sales cálcicas insolubles, conservando la estructura y la afinidad tintorial.
b) El proceso que se realiza sobre material no mineralizado y mineralizado.
c) La capacidad que tienen algunas estructuras de eliminar sus elementos cálcicos.
d) Todas son correctas.

2. Los principales reactivos que se utilizan en la descalcificación química como ácidos fuertes son:

a) Nítrico.
b) Clorhídrico.
c) EDTA.
d) Las opciones a) y b) son correctas.

3. La elección de un buen descalcificante depende de una serie de cualidades, que pueden ser:

a) Que produzca una eliminación completa de los depósitos de cálcico.
b) Que no origine artefactos sobre los tejidos tratados.
c) Que no interfiera en el procedimiento de tinción.
d) Todas las opciones son correctas.

4. No es una norma que deba observarse durante el proceso de descalcificación:

a) La concentración del descalcificante debe ser óptima, de manera que se alcance el equilibrio entre la mayor rapidez de las disoluciones más concentradas y el menor efecto de alteración tisular a consecuencia de las soluciones muy diluidas.
b) La temperatura ideal será la de 37 ºC.

c) Para acelerar el proceso se utilizará la agitación y la adición de alguna resina de intercambio iónico.

d) Tras el proceso de descalcificación química se realizarán lavados en soluciones neutralizantes.

5. Las reglas de descalcificación siguen un protocolo de trabajo que incluye:

a) Cortes de pequeño tamaño, fijación, abundante descalcificador, cambio frecuente de la solución de descalcificante por agitación y lavados en alcohol de 70º.

b) Fijación, tallado, descalcificación, cambios en solución neutralizante, y lavados en agua corriente.

c) Inclusión, fijación, tallado, descalcificación y lavado en alcohol de 70º.

d) Ninguna es correcta.

6. Las ventajas que presenta el ácido nítrico como solución descalcificante son:

a) Rápida descalcificación.

b) Menor retracción tisular y mejor coloración de los núcleos.

c) No es necesario neutralizar el agente descalcificante. El tejido se pasa a directamente a etanol para iniciar la deshidratación.

d) Todas las anteriores son ventajas.

7. No es una ventaja de la formalina ácido-nítrico:

a) Rapidez en la descalcificación.

b) Provoca pocas alteraciones tisulares.

c) Es la solución descalcificante más utilizada.

d) La tinción nuclear está dificultada.

8. No es una ventaja del descalcificante de perenyi:

a) No provoca maceración tisular.

b) No es necesaria la neutralización.

c) Es de acción rápida.

d) Prepara adecuadamente la tinción nuclear.

9. La descalcificación por resina de intercambio iónico (señala la incorrecta):

a) Es un sistema lento.

b) Utiliza el EDTA.

c) Es un sistema muy rápido.

d) Es muy costoso.

10. Para conocer el tiempo exacto de descalcificación tisular se emplean:

a) Métodos físicos.

b) Métodos radiológicos.

c) Métodos químicos.
d) Todos se pueden emplear.

11. ¿Cuál de las siguientes cualidades ha de tener un descalcificante?

a) Producir una eliminación completa de los depósitos cálcicos.
b) No originar artefactos sobre los tejidos tratados.
c) El que no interfiera con los procedimientos de la tinción.
d) Todas las respuestas son ciertas.

12. Son descalcificantes de ácidos fuertes:

a) Ácido nítrico, ácido tricloroacético, ácido fórmico y formalina-ácido nítrico.
b) Ácido nítrico, ácido tricloroacético, formalina-ácido nítrico y líquido de perenyi.
c) Ácido fórmico, solución acuosa de ácido fórmico y mezcla acuosa de ácido fórmico y formalina.
d) Ácido fórmico, solución acuosa de ácido fórmico, liquido de perenyi y mezcla acuosa de ácido fórmico y formalina.

En MADTEST tienes **más preguntas de este tema, comentadas y argumentadas**, y todos tus avances quedan registrados y se reflejan en el ranking.

¡Supera tus límites con MADTEST!

A continuación te presentamos algunos ejemplos de preguntas comentadas:

13. Son descalcificantes de ácidos débiles:

a) Ácido nítrico, ácido tricloroacético, ácido fórmico y formalina-ácido nítrico.
b) Ácido nítrico, ácido tricloroacético, formalina-ácido nítrico y líquido de perenyi.
c) Ácido fórmico, solución acuosa de ácido fórmico y mezcla acuosa de ácido fórmico y formalina.
d) Ninguna es correcta.

Respuesta correcta: c) Ácido fórmico, solución acuosa de ácido fórmico y mezcla acuosa de ácido fórmico y formalina.

Los descalcificantes de ácidos débiles son agentes químicos que se utilizan para eliminar el calcio de las muestras de tejido. Los ácidos débiles, como el ácido fórmico, tienen una capacidad moderada para disolver sales de calcio y son menos agresivos que los ácidos fuertes como el ácido clorhídrico o el ácido nítrico.

14. ¿Cuál de los siguientes compuestos es el más usado para la descalcificación por sales sódicas?

a) Citrato sódico.
b) Formalina-ácido nítrico.
c) Hexametafosfato.
d) Las respuestas a) y c) son correctas.

Respuesta correcta: d) Las respuestas a) y c) son correctas.

La descalcificación por sales sódicas implica el uso de agentes quelantes que se combinan con el calcio para formar complejos solubles en agua. Tanto el citrato sódico como el hexametafosfato son agentes quelantes utilizados comúnmente en la descalcificación por sales sódicas.

15. ¿Cuál de los siguientes es el decalcificante más rápido?

a) Ácido fórmico.
b) Ácido nítrico.
c) Líquido de Bouin.
d) Zenker.

Respuesta correcta: b) Ácido nítrico.

El ácido nítrico es conocido por ser uno de los decalcificantes más rápidos y efectivos disponibles. Su naturaleza altamente ácida le permite disolver rápidamente las sales de calcio de las muestras de tejido, lo que acelera el proceso de descalcificación.

Solución al test n.º 14

1. a) El proceso que elimina sales cálcicas insolubles, conservando la estructura y la afinidad tintorial.

2. d) Las opciones a) y b) son correctas.

3. d) Todas las opciones son correctas.

4. b) La temperatura ideal será la de 37 ºC.

5. a) Cortes de pequeño tamaño, fijación, abundante descalcificador, cambio frecuente de la solución de descalcificante por agitación y lavados en alcohol de 70º.

6. d) Todas las anteriores son ventajas.

7. d) La tinción nuclear está dificultada.

8. c) Es de acción rápida.

9. c) Es un sistema muy rápido.

10. d) Todos se pueden emplear.

11. d) Todas las respuestas son ciertas.

12. b) Ácido nítrico, ácido tricloroacético, formalina-ácido nítrico y líquido de perenyi.

13. c) Ácido fórmico, solución acuosa de ácido fórmico y mezcla acuosa de ácido fórmico y formalina.

14. d) Las respuestas a) y c) son correctas.

15. b) Ácido nítrico.

Métodos y técnicas de inclusión: deshidratación. Infiltración en parafina. Otros métodos de inclusión (gelatina, celoidina, resinas plásticas). La inclusión en microscopia electrónica

1. Con la deshidratación se consigue:

a) Una aclaración.
b) Un endurecimiento.
c) Una sustitución por un solvente
d) Ninguna de las anteriores es cierta.

2. ¿Cuál de los siguientes compuestos es una sustancia deshidratante?

a) Dióxido de etileno.
b) Dióxido de molibdeno.
c) Propilenglicol.
d) Formol.

3. Un líquido aclarante ha de ser:

a) Compatible con el medio de inclusión y con el agente hidratante.
b) Fácil de eliminar.
c) Muy poco tóxico, y no dañar al tejido.
d) Todas son ciertas.

4. La mejor parafina para realizar inclusiones se obtiene:

a) Calentándola y enfriándola varias veces antes de usarla.
b) Usándola justo después de hervirla una vez.
c) Mezclándola con parafina nueva.
d) Las respuestas a) y c) son ciertas.

5. ¿Qué tipo de inclusión se realiza para poder observar la muestra mediante el microscopio electrónico?

a) La inclusión se realizará con resina.
b) La inclusión se realizará con celoidina.

c) La inclusión se realizará con parafina.

d) La inclusión se realizará con cementos.

6. Para que la parafina líquida pueda penetrar en el tejido se ha de sustituir el agua por:

a) Un solvente orgánico.

b) Un disolvente.

c) Un mordiente.

d) Un ácido.

7. De las siguientes expuestas a continuación, ¿cuál es una sustancia deshidratante?

a) Alcohol etílico.

b) Alcohol metílico.

c) Acetona.

d) Todas son sustancias deshidratantes.

8. ¿Qué líquido, de los que se citan a continuación, es el que elimina el alcohol y da los mejores resultados?

a) Xilol.

b) Aceite de cedro.

c) Cloroformo.

d) Benzol.

9. ¿Cuál es el fin de la inclusión de las muestras en parafina?

a) Mayor facilidad para la deshidratación.

b) Es la única forma de conservar los órganos.

c) Dar consistencia y homogeneidad a la pieza.

d) Para facilitar la descalcificación del bloque.

10. ¿Cuál de estas respuestas es falsa en la inclusión en parafina?

a) Elevada hidrofilia.

b) Menor fragilidad de los bloques.

c) Incremento de la viscosidad del medio.

d) Cortes uniformes a temperatura ambiente.

11. ¿Qué tipo de cortes ultrafinos necesitan reforzar el contraste de la imagen con colorantes electrónicos?

a) Los procedentes de parafina.

b) Los procedentes de celoidina.

c) Los procedentes de una reinclusión en parafina.

d) Los procedentes del procesado con araldita o epon (resinas).

12. En la inclusión en araldita:

a) Se somete la muestra a un baño en una mezcla a partes iguales de etanol y araldita durante 1 hora en estufa a 45 ºC.

b) Se somete la muestra a un baño en una mezcla 2/3 de etanol y 1/3 araldita durante 1.5 hora en estufa a 45 ºC.

c) Se somete la muestra a un baño en una mezcla a partes iguales de etanol y araldita durante 3 horas en estufa a 50 ºC.

d) Se somete la muestra a un baño en una mezcla a partes iguales de agua y araldita durante 1 hora en estufa a 5 ºC.

En MADTEST tienes **más preguntas de este tema, comentadas y argumentadas**, y todos tus avances quedan registrados y se reflejan en el ranking.

¡Supera tus límites con MADTEST!

A continuación te presentamos algunos ejemplos de preguntas comentadas:

13. ¿Qué tipo de inclusión se utiliza en microscopía electrónica?

a) Plástica.

b) Resinas.

c) Metacrilato.

d) Ninguna es correcta.

Respuesta correcta: a) Plástica.

En la microscopía electrónica, se utiliza la inclusión en resinas plásticas para preparar las muestras para su observación. Estas resinas plásticas, como el epoxy o el acrílico, permiten una alta resolución y estabilidad durante el proceso de corte y visualización en el microscopio electrónico. Este tipo de inclusión ayuda a preservar la estructura de las muestras y facilita la observación de detalles a nivel subcelular.

14. La criodesecación es:

a) Un mecanismo que consiste en someter al tejido a la congelación, y posteriormente se deshidrata con alcohol al 70 %.

b) Un mecanismo que consiste en someter al tejido a la congelación, y posteriormente se deshidrata realizando el vacío.

c) Un mecanismo que consiste en someter al tejido a la congelación, y posteriormente se extraen los cristales de hielo con alcohol etílico.

d) Un mecanismo que consiste en someter al tejido a deshidratación realizando el vacío.

Respuesta correcta: b) Un mecanismo que consiste en someter al tejido a la congelación, y posteriormente se deshidrata realizando el vacío.

La criodesecación es un proceso que implica la congelación rápida de la muestra seguida de la eliminación del agua mediante sublimación al vacío. Este método se utiliza para preservar la estructura celular y evitar la formación de cristales de hielo, lo que puede dañar las células durante el proceso de congelación. La deshidratación posterior se realiza mediante sublimación al vacío, lo que permite que el agua se evapore sin pasar por el estado líquido, manteniendo así la integridad de la muestra.

15. El aclaramiento es:

a) Realizar baños sucesivos de agua destilada.

b) Un proceso por el que se sustituye un deshidratante por una sustancia miscible con el medio de inclusión.

c) Un proceso que consiste en la deshidratación.

d) Ninguna es correcta.

Respuesta correcta: b) Un proceso por el que se sustituye un deshidratante por una sustancia miscible con el medio de inclusión.

El aclaramiento es una etapa del procesamiento de muestras en anatomía patológica que sigue a la deshidratación. Durante el aclaramiento, se elimina el deshidratante utilizado en el proceso de deshidratación y se reemplaza con una sustancia miscible con el medio de inclusión, como el xilol o la tolueno. Esta etapa prepara la muestra para su inclusión en el medio de inclusión, como la parafina, asegurando que no queden residuos de deshidratante que puedan interferir con el proceso de inclusión o con los resultados del análisis posterior.

Solución al test n.º 15

1. b) Un endurecimiento.

2. a) Dióxido de etileno.

3. d) Todas son ciertas.

4. d) Las respuestas a) y c) son ciertas.

5. a) La inclusión se realizará con resina.

6. a) Un solvente orgánico.

7. d) Todas son sustancias deshidratantes.

8. c) Cloroformo.

9. c) Dar consistencia y homogeneidad a la pieza.

10. a) Elevada hidrofilia.

11. d) Los procedentes del procesado con araldita o epon (resinas).

12. a) Se somete la muestra a un baño en una mezcla a partes iguales de etanol y araldita durante 1 hora en estufa a 45 ºC.

13. a) Plástica.

14. b) Un mecanismo que consiste en someter al tejido a la congelación, y posteriormente se deshidrata realizando el vacío.

15. b) Un proceso por el que se sustituye un deshidratante por una sustancia miscible con el medio de inclusión.

Realización de los bloques y orientación de los especímenes. Consideraciones generales. Estructuras tubulares. Superficies epiteliales. Fragmentos grandes. Fragmentos múltiples. Estructuras quísticas. Realización de los bloques en microscopia electrónica

1. La confección de los bloques:

a) Es el último proceso de la inclusión.
b) Consiste en la obtención de un bloque sólido de tejido más el medio de inclusión.
c) Se realiza mediante enfriamiento lento a 10 -15 ªC.
d) Todas son correctas.

2. La orientación del espécimen:

a) Debe ser tal que la resistencia que el tejido ofrece a la cuchilla vaya de un grado menor a uno mayor, a medida que se va cortando el bloque y por tanto los tejidos más duros no compriman los blandos, evitando así secciones irregulares.
b) Debe haber un margen adecuado (mínimo 2 mm) de medio de inclusión rodeando el tejido por todos lados para que el apoyo al cortar sea el máximo posible.
c) Para las estructuras tubulares la orientación será lo más vertical que se pueda, de manera que la cuchilla corte a través de la estructura tubular.
d) Todas son correctas.

3. La orientación correcta para una estructura quística:

a) Deben ser incluidos con un ligero ángulo en relación con el borde de la cuchilla.
b) Deben ser incluidas con la superficie de corte hacia abajo, para que la cuchilla corte a través de todas las capas de la pared del quiste.
c) Será lo más vertical que se pueda.
d) Ninguna es correcta.

4. ¿Cómo será la orientación de una estructura tubular:

a) Tan vertical como sea posible.
b) Tan horizontal como sea posible.

c) Con la superficie de corte hacia abajo.

d) De tal forma que el plano de la sección pase a través de todas las capas.

5. Las superficies epiteliales como piel, intestino, vesícula biliar, deben ser orientadas de forma que:

a) Hay a un ligero ángulo en relación al borde de la cuchilla.

b) El plano de la sección pase a través de todas las capas del tejido.

c) La superficie de corte hacia abajo.

d) Todas son correctas.

6. Señala la correcta sobre especímenes grandes y sólidos:

a) Provienen de útero, próstata, tiroides, etc.

b) Estos especímenes deben ser incluidos con un ligero ángulo en relación al borde de la cuchilla.

c) La cuchilla comenzará el corte con menos resistencia, reduciendo así la posibilidad de desplazar el tejido fuera del bloque.

d) Todas son correctas.

7. Si la pieza consta de múltiples fragmentos, ¿cómo se orientan?

a) Perpendicular al corte.

b) Se reúnen sobre un mismo plano.

c) Oblicuo al corte.

d) Paralelo al corte.

8. ¿Cuál es la causa de que la pieza se agriete y se desencaje del bloque?

a) Una incorrecta deshidratación.

b) Una hidratación demasiado rápida.

c) Que la parafina está demasiado fría en el momento de la inclusión, o se ha enfriado lentamente.

d) Todas son causas.

9. El primer fijador utiliza para ME fue:

a) Ácido ósmico.

b) Ácido de mercurio.

c) Glutaraldehído.

d) Formaldehído.

10. En referencia al uso del tetróxido de osmio, indica cuál es una ventaja:

a) Su acción sobre los componentes del tejido es muy rápida.

b) Su presencia permite un aumento de contraste de la imagen.

c) Detiene la autólisis intracelular.
d) Todas son ventajas.

11. ¿Cuál de los siguientes líquidos se puede emplear como fijador en microscopía electrónica?

a) Glutaraldehído.
b) Tetróxido de osmio.
c) Solución de Karnosky.
d) Todas las anteriores.

12. ¿Qué soluciones se utilizan en el procesamiento de muestras para microscopia electrónica de transmisión en la coloración manual de las rejillas?

a) Metanol al 35 %.
b) Acetato de uranilo al 4 % en metanol.
c) Hidróxido de sodio 1 N.
d) Todas son correctas.

En MADTEST tienes **más preguntas de este tema, comentadas y argumentadas**, y todos tus avances quedan registrados y se reflejan en el ranking.

¡Supera tus límites con MADTEST!

A continuación te presentamos algunos ejemplos de preguntas comentadas:

13. La operación de confección de bloques se realiza en:

a) Dispensador de parafina.
b) Procesador automático de inclusión.
c) Receptáculo caliente.
d) Moldes.

Respuesta correcta: a) Dispensador de parafina.

La confección de bloques en anatomía patológica se lleva a cabo típicamente utilizando un dispensador de parafina. Este dispositivo permite verter parafina líquida en moldes especiales que contienen las muestras de tejido. La parafina se solidifica al enfriarse, formando así bloques sólidos que contienen las muestras embebidas. Estos bloques luego se utilizan para cortar secciones delgadas de tejido para su posterior examen microscópico.

14. En microscopía electrónica (ME), ¿qué fijador se utiliza?

a) Ácido ósmico.
b) Glutaraldehído.
c) Solución de ácido acético.
d) Todos son fijadores utilizados en microscopía electrónica.

Respuesta correcta: d) Todos son fijadores utilizados en microscopía electrónica.

En microscopía electrónica se pueden utilizar diversos fijadores dependiendo de las características específicas de las muestras y de los objetivos de la investigación. Entre los fijadores comunes utilizados en microscopía electrónica se encuentran el ácido ósmico y el glutaraldehído, que ayudan a preservar la ultraestructura celular. También se pueden utilizar otros fijadores según las necesidades particulares de cada estudio.

15. En el procesamiento de muestras para microscopia electrónica de transmisión, se utiliza una solución de fosfato de sodio estabilizadora de Sorenson al:

a) 0,1 M.
b) 0,2 M.
c) 0,3 M.
d) 0,5 M.

Respuesta correcta: b) 0,2 M.

La solución de fosfato de sodio estabilizadora de Sorenson se utiliza comúnmente en la preparación de muestras para microscopía electrónica de transmisión. La concentración típica de esta solución es de 0,2 M, lo que proporciona un entorno tamponado y estabilizado para las muestras durante el proceso de procesamiento y tinción. Esto ayuda a mantener la integridad de las muestras y a prevenir cambios no deseados durante el análisis en el microscopio electrónico.

Solución al test n.º 16

1. d) Todas son correctas.

2. d) Todas son correctas.

3. b) Deben ser incluidas con la superficie de corte hacia abajo, para que la cuchilla corte a través de todas las capas de la pared del quiste.

4. a) Tan vertical como sea posible.

5. b) El plano de la sección pase a través de todas las capas del tejido.

6. d) Todas son correctas.

7. b) Se reúnen sobre un mismo plano.

8. d) Todas son causas.

9. a) Ácido ósmico.

10. d) Todas son ventajas.

11. d) Todas las anteriores.

12. d) Todas son correctas.

13. a) Dispensador de parafina.

14. d) Todos son fijadores utilizados en microscopía electrónica.

15. b) 0,2 M.

TEST N.º 17

Micrótomos y técnicas de corte de los tejidos. Concepto y tipos de micrótomos. Técnica de corte sobre bloques de parafina. Técnica de corte en el criostato. Técnicas de corte en microscopia electrónica

1. No es un inconveniente del micrótomo de Rotación o Minot:

a) Elevado precio.
b) Sistema de avance muy complicado.
c) Corta con precisión tejidos incluidos en celoidina.
d) Imposibilidad de cortar tejidos en gelatina y propilenglicol.

2. El micrótomo de tipo Reichert-Jung se caracteriza por:

a) Poseer un portabloques deslizante.
b) Poseer una cuchilla móvil.
c) Poseer un proceso de corte rápido.
d) Obtener secciones de un espesor inferior a 6 micras.

3. La cuchilla que se utiliza en el crióstato o en el micrótomo de Minot es de tipo:

a) Biplana con faceta.
b) Biplana, en cuña o tipo C.
c) Bicóncava.
d) Plano-cóncavas.

4. Las técnicas de corte sobre bloques de parafina constan de:

a) Retallado, enfriado, fijación, orientación del bloque y de la cuchilla, selección del espesor del bloque y realización de las secciones-temperatura ambiente.
b) Enfriado, fijación, retallado, orientación del bloque y de la cuchilla y realización de secciones-temperatura ambiente.
c) Fijación, inclusión, retallado, enfriado, orientación del bloque y de la cuchilla y selección del bloque.
d) Ninguna es correcta.

5. Si los cortes aparecen con espesor irregular en diferentes puntos, podremos pensar que la causa no es:

a) Dientes muy usados.
b) Vibraciones en partes del micrótomo.
c) Juego en las correderas.
d) Vibraciones en la cuchilla.

6. La causa de que los cortes se pulvericen radica en:

a) La pieza no está bastante fría.
b) Cuchilla mal afilada y pieza demasiado fría.
c) La pieza ha sido rápidamente fijada.
d) La cara inferior de la pieza es irregular.

7. ¿Qué ultramicrótomo posee un avance debido a la dilatación térmica de una barra metálica maciza unida al portabloques?

a) Poter Blum.
b) Reichert.
c) Crióstato.
d) Todos.

8. El micrótomo tipo minot es:

a) De rotación.
b) De deslizamiento.
c) De congelación.
d) De oscilación.

9. El micrótomo tipo Leitz:

a) Es de deslizamiento.
b) Es de rotación.
c) Su cuchilla es móvil.
d) Esta en desuso por la excesiva vibración de la cuchilla.

10. ¿Qué tipo de micrótomo no permite cortar los tejidos incluidos en gelatina, celoidina y propilenglicol?

a) De deslizamiento.
b) Minot.
c) Oscilación.
d) Congelación.

11. La obtención de cortes seriados se logrará con un micrótomo de tipo:

a) Deslizamientos.
b) Balanceo.
c) Rotación.
d) Crióstato.

12. El ángulo determinado por el plano que se apoyan sobre la faceta superior del filo de la cuchilla y la superficie del bloque, es él:

a) Ángulo de inclinación.
b) Ángulo de corte.
c) Angulo libre.
d) Ninguna es correcta.

En MADTEST tienes **más preguntas de este tema, comentadas y argumentadas**, y todos tus avances quedan registrados y se reflejan en el ranking.

¡Supera tus límites con MADTEST!

A continuación te presentamos algunos ejemplos de preguntas comentadas:

13. En el contexto del microscopio electrónico de transmisión, cuando realizamos cortes del tejido en el ultramicrótomo y aparecen cortes con diferente grosor, ¿a qué es debido?

a) A vibraciones en el laboratorio.
b) A cuchillas desfiladas.
c) A cuchilla y bloques insuficientemente fijados.
d) Todas son correctas.

Respuesta correcta: d) Todas son correctas.

Cuando se observan cortes con diferente grosor en el microscopio electrónico de transmisión, puede deberse a diversas razones. Las vibraciones en el laboratorio pueden causar variaciones en el grosor de los cortes durante la operación del ultramicrótomo. Además, las cuchillas desafiladas o mal mantenidas pueden producir cortes irregulares. Asimismo, tanto las cuchillas como los bloques deben estar adecuadamente fijados para garantizar cortes uniformes. Por lo tanto, todas las opciones son correctas y pueden contribuir a la variabilidad en el grosor de los cortes.

14. ¿Qué tipos de cuchillas son las más utilizadas en microscopía electrónica?

a) De metal.
b) De vidrio.
c) Desechables.
d) De diamante.

Respuesta correcta: b) De vidrio.

Las cuchillas de vidrio son las más utilizadas en microscopía electrónica debido a su alta calidad y precisión en el corte. Estas cuchillas proporcionan cortes finos y uniformes, ideales para la preparación de muestras para su análisis en el microscopio electrónico.

15. En microscopía electrónica, y en referencia al tallado del bloque cuando lo piramidamos (forma de pirámide truncada) pretendemos darle el tamaño adecuado, y poder obtener cortes seriados. ¿Cómo deben quedar los lados del bloque?

a) Circulares.
b) Perpendiculares.
c) Paralelos.
d) No afecta al resultado.

Respuesta correcta: c) Paralelos.

Cuando se talla un bloque para obtener cortes seriados en microscopía electrónica, es importante que los lados del bloque queden paralelos entre sí. Esto asegura que los cortes obtenidos sean uniformes y de igual grosor en toda su extensión. Si los lados del bloque no son paralelos, los cortes pueden variar en grosor, lo que dificultaría la interpretación de los resultados. Por lo tanto, es crucial que los lados del bloque estén cuidadosamente tallados para obtener cortes seriados consistentes.

Solución al test n.º 17

1. c) Corta con precisión tejidos incluidos en celoidina.

2. b) Poseer una cuchilla móvil.

3. b) Biplana, en cuña o tipo C.

4. a) Retallado, enfriado, fijación, orientación del bloque y de la cuchilla, selección del espesor del bloque y realización de las secciones-temperatura ambiente.

5. a) Dientes muy usados.

6. b) Cuchilla mal afilada y pieza demasiado fría.

7. b) Reichert.

8. a) De rotación.

9. a) Es de deslizamiento.

10. b) Minot.

11. c) Rotación.

12. b) Ángulo de corte.

13. d) Todas son correctas.

14. b) De vidrio.

15. c) Paralelos.

TEST N.º 18

El microscopio óptico simple y compuesto. Reglas generales para el uso del microscopio. Concepto, descripción y funcionamiento del microscopio electrónico de transmisión

1. Uno de los siguientes no es un microscopio óptico de luz transmitida:

a) Microscopio de fluorescencia.
b) Microscopio de campo oscuro.
c) Microscopio de contraste de fases.
d) Microscopio invertido.

2. El poder de resolución de un microscopio:

a) Es la distancia máxima que debe existir entre dos puntos para que puedan ser diferenciados.
b) Es mayor cuanto mayor límite de resolución exista.
c) Es su capacidad de dar imágenes distintas de dos puntos situados muy cerca uno del otro en el objeto.
d) Todas son correctas.

3. ¿Qué determina la eficacia del condensador y del objetivo?

a) El poder de resolución.
b) La apertura numérica.
c) El contraste.
d) La longitud de onda.

4. La microscopia de Nomarsi es un tipo de microscopia de:

a) Campo oscuro.
b) Contraste de interferencia.
c) Campo claro.
d) Invertido.

5. El diafragma de apertura del condensador, ¿a qué afecta?

a) A la resolución.
b) Al contraste y profundidad del foco.
c) Sirve para ajustar la apertura numérica de la iluminación y para cambiar la luminosidad de esta.
d) Todas son correctas.

6. No es un tipo de microscopio óptico:

a) Microscopio de contraste de fases.
b) Microscopio de barrido.
c) Microscopio polarizante.
d) Microscopio fluorescente.

7. En un microscopio óptico los objetivos de inmersión de aceite llevan una marca de identificación que es un anillo de color:

a) Blanco.
b) Azul.
c) Negro.
d) Verde.

8. Si al observar una muestra, aparecen gotas liquidas, esto se debe a:

a) Un aplastamiento de elementos celulares durante el proceso.
b) Un fallo de fijación de la muestra.
c) Una mala filtración de hematoxilina.
d) Una mezcla de xileno y agua.

9. ¿Dónde se encuentra el cátodo en un microscopio electrónico?

a) En el condensador.
b) En la fuente de electrones.
c) En la parte inferior del tubo.
d) En la pantalla fluorescente.

10. ¿Cuántos aumentos consigue el microscopio electrónico?

a) 2000 aumentos.
b) 20.000 aumentos.
c) 200.000 aumentos.
d) 2.000.000 aumentos.

11. Si al observar una muestra, aparecen filamentos aislados de cromatina y restos citoplasmáticos, esto se debe a:

a) Un aplastamiento de elementos celulares durante el proceso.
b) Un fallo de fijación de la muestra.
c) Una mala filtración de hematoxilina.
d) Una mezcla de xileno y agua.

12. La obtención de preparaciones adecuadas para el examen microscópico puede conseguirse mediante:

a) Observación vital.
b) Preparaciones húmedas.
c) Preparación de frotis.
d) Todas son correctas.

En MADTEST tienes **más preguntas de este tema, comentadas y argumentadas**, y todos tus avances quedan registrados y se reflejan en el ranking.

¡Supera tus límites con MADTEST!

A continuación te presentamos algunos ejemplos de preguntas comentadas:

13. La parte óptica de un microscopio la compone:

a) El tornillo macrométrico.
b) El diafragma y el condensador.
c) El ocular y los objetivos.
d) El pie del objetivo, ya que sin pie no se podría sostener y no se podría ver nada.

Respuesta correcta: c) El ocular y los objetivos.

Los microscopios utilizan un sistema de dos lentes convergentes fijadas al extremo de un tubo: una próxima al ojo (ocular) y otra próxima al objeto a analizar (objetivo).

14. Las lentes de un microscopio óptico que amplían la imagen de una manera constante se denominan:

a) Objetivos.
b) Oculares.
c) Condensador.
d) Todas son correctas.

Respuesta correcta: b) Oculares.

Los oculares son las lentes ubicadas en la parte superior del microscopio, a través de las cuales el observador mira la muestra. Estas lentes proporcionan una ampliación constante a la imagen observada y trabajan en conjunto con los objetivos del microscopio para ampliar la muestra y permitir su visualización con detalle. Los oculares suelen tener una ampliación estándar, como 10x o 15x, y esta ampliación se suma a la proporcionada por los objetivos para obtener la magnificación total.

15. El microscopio de campo claro:

a) Es un microscopio de luz reflejada.
b) En un microscopio de electrones.
c) Es un microscopio de barrido confocal.
d) Es un microscopio de luz transmitida.

Respuesta correcta: d) Es un microscopio de luz transmitida.

En la microscopia óptica de luz transmitida, la luz atraviesa directamente el objeto que estamos examinando. Es un microscopio de luz transmitida en de campo claro.

Solución al test n.º 18

1. a) Microscopio de fluorescencia.

2. c) Es su capacidad de dar imágenes distintas de dos puntos situados muy cerca uno del otro en el objeto.

3. b) La apertura numérica.

4. b) Contraste de interferencia.

5. d) Todas son correctas.

6. b) Microscopio de barrido.

7. c) Negro.

8. d) Una mezcla de xileno y agua.

9. b) En la fuente de electrones.

10. c) 200.000 aumentos.

11. a) Un aplastamiento de elementos celulares durante el proceso.

12. d) Todas son correctas.

13. c) El ocular y los objetivos.

14. b) Oculares.

15. d) Es un microscopio de luz transmitida.

**Fundamentos generales de coloración. Coloraciones nucleares.
Colorantes citoplasmáticos. Coloraciones de conjunto**

1. Indica cuál de los siguientes colorantes no es natural:

a) Hematoxilina.
b) Safranina.
c) Anilina.
d) Orceína.

2. Indica cuál de los siguientes colorantes es básico:

a) Verde brillante.
b) Eosinato.
c) Eritrosina.
d) Verde de metilo.

3. Un colorante básico es el que tiñe estructuras:

a) Básicas.
b) Ácidas.
c) Neutras.
d) Indiferentes.

4. Los colorantes azoicos:

a) Contienen el cromóforo –N=N- ligado a anillos del benceno o antraceno. La mayoría de ellos son ácidos y se dividen en monoazoicos o diazoicos.
b) Dependiendo de su auxocromo, serán ácidos o básicos.
c) Poseen cromóforos variables, entre los que destacan la pironina, la rodamina y la sulfataleína.
d) Contienen el cromóforo naranja de acridina.

5. La coloración de Papanicolaou es una coloración:

a) Topográfica.
b) Estructural.

c) Histoquímica.
d) Citológica.

6. Una coloración indirecta es aquella que:

a) Detiene la coloración en el momento en que se ha obtenido el color deseado.
b) Se utiliza tras la aplicación de un mordiente.
c) Tiñe la muestra antes de ser dividida en cortes.
d) Se sobrecolorea una muestra para luego eliminar el exceso de colorante.

7. ¿Cuál de los siguientes compuesto es un diferenciador?

a) Mezclas de alcoholes y ácidos.
b) Alcoholes de alta concentración.
c) Cromóforos derivados del xanteno.
d) Ninguna de los anteriores.

8. Un colorante presenta metacromasia cuando:

a) Hay presencia de una sustancia de mordiente.
b) Las estructuras se tiñen de un color diferente al suyo propio.
c) El colorante utilizado tiene una carga positiva.
d) Las respuestas a) y c) son correctas.

9. ¿Qué colorante tiñe los corpúsculos de Nissl?

a) Rubina y rojo nuclear.
b) Galiociania.
c) Azul celestina B.
d) Las respuestas b) y c) son ciertas.

10. Denominamos cromógeno a:

a) Toda sustancia química que en su estructura posee un anillo bencénico.
b) Sustancia química que potencia la acción del colorante.
c) Sustancia formada por el cromóforo más el anillo bencénico.
d) Ninguna es correcta.

11. Una coloración progresiva es aquella:

a) En que progresivamente la estructura va tomando color hasta que la detenemos cuando observamos que posee el color adecuado.
b) En que se prolonga la coloración hasta que el tejido queda sobrecoloreado.
c) Que emplea azul de metileno o de toluidina.
d) Las respuestas a) y c) son correctas.

12. Las lacas de hematoxilina son colorantes nucleares, dentro de estas lacas podemos encontrar la alumínica de Hemalum que tiñe:

a) Los núcleos de azul violeta oscuro.
b) El citoplasma no lo tiñe.
c) Las zonas necróticas y calcificaciones; violetas.
d) Todas son correctas.

En MADTEST tienes **más preguntas de este tema, comentadas y argumentadas**, y todos tus avances quedan registrados y se reflejan en el ranking.

¡Supera tus límites con MADTEST!

A continuación te presentamos algunos ejemplos de preguntas comentadas:

13. ¿Cuál es un colorante derivado de las oxacianinas?

a) Galocianina.
b) Safranina.
c) Fucsina.
d) Carmín.

Respuesta correcta: a) Galocianina.

La galocianina es un colorante derivado de las oxacianinas, un grupo de compuestos químicos utilizados en histología para teñir tejidos biológicos. Las oxacianinas son conocidas por su capacidad para unirse a ácidos nucleicos y otros componentes celulares, proporcionando un color distintivo que facilita la visualización de estructuras celulares bajo el microscopio. En particular, la galocianina se utiliza para teñir núcleos y otros componentes celulares, permitiendo una diferenciación clara y detallada que es crucial para el diagnóstico y análisis histológico. Por otro lado, otros colorantes mencionados como la safranina, la fucsina y el carmín no pertenecen al grupo de las oxacianinas y tienen diferentes aplicaciones y propiedades tintoriales.

14. El panóptico rápido es un colorante de tipo:

a) Ácido.
b) Básico.
c) Neutro.
d) Indiferente.

Respuesta correcta: c) Neutro.

El panóptico rápido es un tipo de colorante utilizado en técnicas de tinción histológica y citológica que combina tanto colorantes ácidos como básicos, resultando en un colorante neutro. Este tipo de tinción es muy versátil y permite diferenciar distintos componentes celulares en las muestras, proporcionando un contraste claro entre los núcleos, citoplasma y otros elementos celulares. Los colorantes neutros, como el panóptico rápido, son especialmente útiles en diagnósticos rápidos y precisos, facilitando la observación de estructuras celulares importantes en un corto periodo de tiempo.

15. ¿Con que colorante vemos el núcleo azul-negro y el citoplasma azul?

a) Laca de hematoxilina.
b) Laca de hematoxilina férrica.
c) Laca de hematoxilina fosfotúngstica.
d) Laca alumínica de hematoxilina.

Respuesta correcta: c) Laca de hematoxilina fosfotúngstica.

La laca de hematoxilina fosfotúngstica es un colorante específico que tiñe el núcleo celular de un color azul-negro y el citoplasma de un color azul. Este tipo de tinción es utilizado principalmente en técnicas histológicas avanzadas para diferenciar estructuras celulares y subcelulares con gran precisión. La hematoxilina fosfotúngstica se une tanto a componentes nucleares como citoplasmáticos, proporcionando un contraste claro y detallado, lo cual es especialmente útil en el análisis de tejidos para diagnósticos patológicos.

Solución al test n.º 19

1. c) Anilina.

2. d) Verde de metilo.

3. b) Ácidas.

4. a) Contienen el cromóforo –N=N- ligado a anillos del benceno o antraceno. La mayoría de ellos son ácidos y se dividen en monoazoicos o diazoicos.

5. d) Citológica.

6. b) Se utiliza tras la aplicación de un mordiente.

7. a) Mezclas de alcoholes y ácidos.

8. b) Las estructuras se tiñen de un color diferente al suyo propio.

9. d) Las respuestas b) y c) son ciertas.

10. c) Sustancia formada por el cromóforo más el anillo bencénico.

11. d) Las respuestas a) y c) son correctas.

12. d) Todas son correctas.

13. a) Galocianina.

14. c) Neutro.

15. c) Laca de hematoxilina fosfotúngstica.

Coloraciones para tejido conjuntivo.
Técnicas de impregnación argéntica

1. La célula más común del tejido conectivo es:

a) Mastocito.
b) Fibrocito.
c) Mastoblasto.
d) Fibroblasto.

2. La solución de Fleming se emplea para identificar:

a) Mastocitos.
b) Adipocitos.
c) Fibras colágenas.
d) Fibroblastos.

3. Para teñir la sustancia fundamentalmente amorfa se emplea:

a) Técnica PAS.
b) Técnica PAS Azul alcián.
c) Técnica Van Gieson.
d) Técnica PAS Green.

4. Las fibras colágenas de tiñen con:

a) Hematoxilina-eosina presentando una coloración rosa.
b) Hematoxilina presentando una coloración azul.
c) Eosina presentando una coloración naranja.
d) Hematoxilina-eosina presentando una coloración rojiza.

5. La técnica del tricrómico de Masson, con fucsina ácida y azul de anilina, ¿de qué color se tiñen colágeno y reticulina?

a) Gama de rojos.
b) Azul intenso.

c) Verde o azul.
d) Negro.

6. En el tricrómico MSB, el colágeno se tiñe de:

a) Verde.
b) Rojo.
c) Negro.
d) Azul.

7. ¿Qué tipo de fijador se ha de usar en la técnica de Van Gieson para tener una mejor afinidad de la fibra colágena?

a) Alcohol.
b) Formol.
c) Acetona.
d) Peróxido de hidrógeno.

8. ¿Qué color toma el tejido conectivo en la coloración rojo sirio?

a) Azul verdoso.
b) Amarillo.
c) Rojo intenso.
d) Negro azulado.

9. Son métodos de tinción para el tejido elástico:

a) Weigert y Gomori.
b) Masson y Fontana.
c) Orceína y Perls.
d) Rojo sitio y Masson.

10. El fenómeno por el cual los tejidos atrapan iones argénticos se denomina:

a) Argirofobia.
b) Argentafinidad.
c) Revelado.
d) Argirofilia.

11. ¿Qué tipo de objetos no se pueden emplear en las técnicas argénticas?

a) Material desechable.
b) Material de vidrio.
c) Material metálico.
d) Cualquiera de ellos se puede emplear.

12. En la técnica de Masson-Fontana, los núcleos se tiñen de color:

a) Negro.
b) Rosa.
c) Marrón parduzco.
d) Naranja.

En MADTEST tienes **más preguntas de este tema, comentadas y argumentadas**, y todos tus avances quedan registrados y se reflejan en el ranking.

¡Supera tus límites con MADTEST!

A continuación te presentamos algunos ejemplos de preguntas comentadas:

13. Indica la técnica que se emplea para identificar fácilmente fibroblastos:

a) Hematoxilina fosfotúngstica de Mallory.
b) Pas-Azul alcián.
c) Solución de Fleming.
d) Tricrómico de Masson.

Respuesta correcta: a) Hematoxilina fosfotúngstica de Mallory.

La técnica de Hematoxilina fosfotúngstica de Mallory es conocida por su capacidad para identificar fácilmente fibroblastos en tejidos. Este método de tinción histológica se utiliza específicamente para resaltar componentes del tejido conectivo, como el colágeno y las fibras reticulares. Los fibroblastos, células clave en la síntesis y mantenimiento del tejido conectivo, son fácilmente identificables con esta técnica debido a la coloración característica que adquieren en el proceso.

14. Al hacer una tinción con hematoxilina-eosina:

a) Los fibrocitos aparecen rodeados de fibras colágenas, observándose núcleos pálidos en células jóvenes.
b) Los fibrocitos aparecen rodeados de fibras colágenas, observándose núcleos pálidos en células maduras.
c) Los fibrocitos aparecen con un citoplasma basófilo alrededor de la célula en células jóvenes.
d) Los fibrocitos aparecen con un citoplasma acidófilo alrededor del núcleo en células maduras.

Respuesta correcta: b) Los fibrocitos aparecen rodeados de fibras colágenas, observándose núcleos pálidos en células maduras.

En una tinción con hematoxilina-eosina, los fibrocitos, células especializadas en la síntesis y mantenimiento del tejido conectivo, aparecen rodeados de fibras colágenas. Los núcleos de estas células suelen ser pálidos, especialmente en células maduras. La hematoxilina tiñe los núcleos de azul o púrpura, mientras que la eosina tiñe el citoplasma de tonos rosados o anaranjados. Esta combinación de colores permite una buena diferenciación de las células y las estructuras tisulares, lo que facilita la identificación de los fibrocitos y la evaluación del tejido conectivo en general. Las otras opciones de respuesta no describen adecuadamente los resultados típicos de una tinción con hematoxilina-eosina para fibrocitos.

15. ¿Qué técnica se utiliza para teñir fibrina?

a) Tricrómico de Masson.
b) Tricrómico MSB.
c) Tricrómico de Mallory.
d) Tricrómico de Ponceau.

Respuesta correcta: b) Tricrómico MSB.

El Tricrómico MSB (Masson's Trichrome Stain con azul de metileno) es una técnica de tinción histológica ampliamente utilizada para teñir fibrina. Esta técnica permite diferenciar la fibrina, que se tiñe de un color azul intenso, de otras estructuras y componentes tisulares. Además de la fibrina, el Tricrómico MSB también permite la visualización de colágeno, músculo estriado, músculo liso, núcleos celulares y citoplasma, lo que lo convierte en una herramienta útil para la evaluación de una variedad de tejidos en muestras histológicas. Las otras opciones de respuesta, como el Tricrómico de Masson, Tricrómico de Mallory y Tricrómico de Ponceau, no están específicamente diseñadas para teñir fibrina.

Solución al test n.º 20

1. d) Fibroblasto.

2. b) Adipocitos.

3. b) Técnica PAS Azul alcián.

4. a) Hematoxilina-eosina presentando una coloración rosa.

5. c) Verde o azul.

6. d) Azul.

7. a) Alcohol.

8. c) Rojo intenso.

9. a) Weigert y Gomori.

10. d) Argirofilia.

11. c) Material metálico.

12. b) Rosa.

13. a) Hematoxilina fosfotúngstica de Mallory.

14. b) Los fibrocitos aparecen rodeados de fibras colágenas, observándose núcleos pálidos en células maduras.

15. b) Tricrómico MSB.

Técnicas de coloración para la identificación de distintos tipos de sustancias: grasas, glucógeno, mucina, fibrina y amiloide

1. Las células del tejido adiposo de llaman:

a) Adipozoides.
b) Adipocitos.
c) Grasocitos.
d) Grasodipocitos.

2. El tejido adiposo supone en un adulto:

a) El 5-10 % del peso total.
b) El 10-15 % del peso total.
c) El 5-15 % del peso total.
d) El 10-20 % del peso total.

3. El tejido adiposo no se encuentra en:

a) Pulmones.
b) Pene.
c) Párpados.
d) Todas son correctas.

4. Entre las funciones del tejido adiposo no se encuentra:

a) Almacenamiento energético.
b) Protección mecánica.
c) Función térmica.
d) Todas son funciones del tejido adiposo.

5. El tejido adiposo pardo es más abundante en:

a) Adultos.
b) Recién nacidos.

c) Niños.
d) Ancianos.

6. Los componentes mayoritarios de las membranas celulares son los:

a) Fosfolípidos.
b) Ésteres.
c) Céridos.
d) Triglicéridos.

7. Las lipoproteínas de alta densidad son:

a) Quilomicrones.
b) VLDL.
c) LDL.
d) HDL.

8. ¿Cuál de las siguientes lipoproteínas es rica en colesterol?

a) VLDL.
b) LDL.
c) HDL.
d) Lipoproteína A.

9. Para teñir los lípidos se emplean:

a) Si es homofásico PAS y Oil red O.
b) Si es heterofásico PAS y sudán.
c) Si es homofásico Sudán y Oil red O.
d) Ninguna es correcta.

10. ¿Qué método se basa en diferenciar, mediante la solubilidad, la demostración de grasas?

a) Oil-red-O.
b) Sudán IV.
c) Sudán negro.
d) Método de Lillie.

11. ¿Qué coloración se utiliza para diferenciar las sustancias grasas neutras de las ácidas?

a) Azul de Nilo.
b) Método Lillie.

c) Sudán IV.
d) Las respuestas a) y b) son correctas.

12. En la coloración con azul de Nilo los ácidos grasos aparecen de color:

a) Azul oscuro.
b) Rosa.
c) Verde.
d) Negro.

En MADTEST tienes **más preguntas de este tema, comentadas y argumentadas**, y todos tus avances quedan registrados y se reflejan en el ranking.

¡Supera tus límites con MADTEST!

A continuación te presentamos algunos ejemplos de preguntas comentadas:

13. ¿Qué color presentan las fibras elásticas en la tinción de orceína?

a) Azul.
b) Naranja rojizo.
c) Verde.
d) Negro.

Respuesta correcta: b) Naranja rojizo.

Comentario: En la tinción de orceína, las fibras elásticas se tiñen de un color naranja rojizo característico. Esta tinción es específica para las fibras elásticas, permitiendo una clara diferenciación de estas estructuras en las preparaciones histológicas.

14. ¿Qué colorante se utiliza en la tinción de Mallory para teñir las fibras de colágeno?

a) Hematoxilina.
b) Eosina.
c) Anilina.
d) Azul.

Respuesta correcta: d) Azul.

Comentario: En la tinción de Mallory, las fibras de colágeno se tiñen de azul, lo que proporciona un contraste distintivo en las preparaciones histológicas y facilita la identificación de las fibras colágenas en el tejido.

15. ¿Qué sustancia es utilizada como colorante para detectar amiloide?

a) Tioflavina T.
b) Orceína.
c) Tricrómico de Masson.
d) Azul de toluidina.

Respuesta correcta: a) Tioflavina T.

Comentario: La tioflavina T es un colorante específico utilizado para la detección de depósitos de amiloide en los tejidos. Este colorante fluorescente se une al amiloide, permitiendo su visualización bajo luz ultravioleta en el microscopio de fluorescencia.

Solución al test n.º 21

1. b) Adipocitos.

2. d) El 10-20 % del peso total.

3. d) Todas son correctas.

4. d) Todas son funciones del tejido adiposo.

5. b) Recién nacidos.

6. a) Fosfolípidos.

7. d) HDL.

8. b) LDL.

9. c) Si es homofásico: Sudan y Oil red O.

10. a) Oil-Red-O.

11. d) Las respuestas a) y b) son correctas.

12. a) Azul oscuro.

13. b) Naranja rojizo.

14. d) Azul.

15. a) Tioflavina T.

Coloraciones para hidratos de carbono o glúcidos: Glucógeno, mucosustancias neutras y ácidas, sialomucinas y mucosustancias sulfatadas, mucosacáridos ácidos y condromucinas

1. Señala cuál de los siguientes es un mucopolisacárido complejo ácido:

a) Carboximucopolisacárido.
b) Mucopolisacárido no sulfatado.
c) Sulfomucopolisacáridos.
d) Todas son correctas.

2. Señala cuál de los siguientes es un polisacárido complejo:

a) Mucolípidos.
b) Mucopolisacáridos.
c) Mucoproteínas.
d) Todas son correctas.

3. Las sialomucinas:

a) Son PAS negativas.
b) Reaccionan con azul alcián a pH 5.
c) Se tiñen con hierro coloidal.
d) Todas son correctas.

4. Las condromucinas:

a) Se encuentran en tejido cartilaginoso.
b) Son PAS negativas.
c) Reaccionan con azul alcián a pH 0,5.
d) Todas son correctas.

5. ¿Qué técnica se utiliza para distinguir entre sulfomucopolisacáridos y carboxi-mucopolisacáridos?

a) PAS.
b) Metilación.
c) Saponificación.
d) Las respuestas b) y c) son correctas.

6. ¿Qué moléculas están formadas por polisacáridos y ácidos grasos y se encuentran en forma de cerebrósidos y gangliósidos?

a) Mucoproteínas.
b) Mucolípidos.
c) Condromucinas.
d) Glucoproteínas.

7. En la técnica de PAS, el material PAS positivo se colorea en:

a) Azul-negruzco.
b) Verde.
c) Rojo oscuro a magenta.
d) Amarillo.

8. La mezcla de polisacáridos y ácidos grasos complejos que se encuentran normalmente en forma de cerebrósidos y gangliósidos suelen ser PAS +, y se tiñen selectivamente con ciertas coloraciones para grasas, hablamos de:

a) Mucoproteínas.
b) Mucolípidos.
c) Mucopolisacáridos neutros.
d) Mucopolisacáridos ácidos.

9. La técnica de Schiff es una reacción:

a) Enzimática.
b) Colorimétrica.
c) Espectrofotométrica.
d) De fluorescencia.

10. El condroitín sulfato se encuentra en:

a) Válvulas cardiacas.
b) Cartílago.
c) Cordón umbilical.
d) Todas son correctas.

11. En la reacción de Bauer se debe fijar con:

a) Bouin.
b) Alcohol.
c) Formol.
d) Zenker.

12. ¿Qué coloración presenta el glucógeno en la técnica de goma yodada?

a) Azul.
b) Pardo caoba.
c) Rojo intenso.
d) Naranja.

En MADTEST tienes **más preguntas de este tema, comentadas y argumentadas**, y todos tus avances quedan registrados y se reflejan en el ranking.

¡Supera tus límites con MADTEST!

A continuación te presentamos algunos ejemplos de preguntas comentadas:

13. ¿Qué componente del reactivo de Schiff se utiliza en la reacción de PAS?

a) Fucsina básica.
b) Hematoxilina.
c) Leucofucsina.
d) Eosina.

Respuesta correcta: c) Leucofucsina.

Comentario: El reactivo de Schiff, utilizado en la reacción de PAS, contiene leucofucsina, un compuesto incoloro que se torna rojo al reaccionar con los grupos aldehído presentes en los hidratos de carbono oxidados. Esta reacción permite la visualización de diversas estructuras ricas en carbohidratos.

14. ¿Cuál es el mucopolisacárido ácido más simple?

a) Ácido condroitinsulfúrico.
b) Ácido hialurónico.
c) Ácido glucurónico.
d) Ácido siálico.

Respuesta correcta: b) Ácido hialurónico.

Comentario: El ácido hialurónico es el mucopolisacárido ácido más simple, formado por unidades de disacárido polimerizado. Se encuentra en diversos tejidos conectivos y es fundamental para la hidratación y elasticidad de estos tejidos.

15. ¿Qué método de tinción es específico para mucinas ácidas en el tejido?

a) Tinción de Gram.
b) Tinción de PAS.
c) Tinción de mucicarmín de Mayer.
d) Tinción de Giemsa.

Respuesta correcta: c) Tinción de mucicarmín de Mayer.

Comentario: La tinción de mucicarmín de Mayer es específica para mucinas ácidas, tiñéndolas de rojo intenso. Esta técnica es particularmente útil en el diagnóstico de enfermedades que involucran la producción anormal de mucinas ácidas.

Solución al test n.º 22

1. c) Sulfomucopolisacáridos.

2. d) Todas son correctas.

3. c) Se tiñen con hierro coloidal.

4. d) Todas son correctas.

5. d) Las respuestas b) y c) son correctas.

6. b) Mucolípidos.

7. c) Rojo oscuro a magenta.

8. b) Mucolípidos.

9. b) Colorimétrica.

10. d) Todas son correctas.

11. b) Alcohol.

12. b) Pardo caoba.

13. c) Leucofucsina.

14. b) Ácido hialurónico.

15. c) Tinción de mucicarmín de Mayer.

TEST N.º 23

Coloraciones para ácidos nucleicos. Métodos para la identificación y tinte de pigmentos e iones metálicos

1. Para la extracción de ADN, ¿qué ácido se utiliza?

a) Perclórico.
b) Acético.
c) Nitroso.
d) Cualquiera de ellos.

2. La reacción de Feulgen realiza una hidrólisis ácida del ADN en una primera fase. ¿Qué reactivo utiliza en la segunda fase?

a) Reactivo de Schiff.
b) Tioflavina.
c) Azul de Nilo (método Lille).
d) Sudán IV (escarlata R).

3. ¿De qué color aparecen los citoplasmas en la reacción de Feulgen?

a) Verde.
b) Rojo.
c) Amarillo.
d) Naranja.

4. Para distinguir entre el ADN y el ARN, ¿qué técnica se utiliza?

a) Feulgen.
b) Verde metilo pironina.
c) Verde etilo.
d) Ninguna es correcta.

5. La coloración más específica de la cromatina se realiza con la tinción de:

a) Feulgen.
b) Verde metilo-pironina.

c) Von Kosa.
d) Ácido rubeánico.

6. En la técnica de Brachet el ARN aparece de color:

a) Verde.
b) Rojo.
c) Amarillo.
d) Naranja.

7. Señala qué técnica se utiliza para la determinación de hemoglobina:

a) Reacción de bencidina.
b) Reacción de Turnbull.
c) Reacción de Tirman.
d) Azul de Perls.

8. La técnica de azul de Perls se fundamenta en:

a) Transformación del ferrocianuro potásico en presencia de hierro férrico.
b) El ácido sulfhídrico elimina el pigmento y se tiñe de color azul.
c) La bilirrubina actúa como mordiente y se tiñe de color azul.
d) El ácido oxálico bloquea el pigmento y se tiñe con el colorante.

9. En la técnica de Hall, ¿cómo aparece la bilirrubina?

a) De color verde.
b) De color rojo.
c) De color amarillo.
d) De color naranja.

10. La técnica de azul de Perls es utilizada para detectar hierro, ¿qué color tiene el hierro férrico incluida la hemosiderina?

a) Azul.
b) Rojo.
c) Negro.
d) Amarillo.

11. En la técnica de Von Kossa las sales de calcio, ¿cómo aparecen?

a) De color negro.
b) De color rojo.
c) De color rosa.
d) De color azul.

12. ¿Qué técnica se utiliza para identificar depósitos de calcio?

a) Hall.
b) Rojo alizarina S.
c) Masson-Fontana.
d) Perls.

En MADTEST tienes **más preguntas de este tema, comentadas y argumentadas**, y todos tus avances quedan registrados y se reflejan en el ranking.

¡Supera tus límites con MADTEST!

A continuación te presentamos algunos ejemplos de preguntas comentadas:

13. Para identificar cobre se utiliza la tinción de:

a) Hall.
b) Rojo alizarina S.
c) Rodanina.
d) Perls.

Respuesta correcta: c) Rodanina.

La tinción de rodanina se utiliza para identificar la presencia de cobre en muestras histológicas. La rodanina es una solución de rodanina B (tetracloruro de orto-dianisidina) en ácido acético glacial. Cuando se realiza esta tinción, el cobre se tiñe de un color rojo intenso, lo que permite su identificación. Esta técnica es útil en el diagnóstico de enfermedades como la enfermedad de Wilson, donde se produce una acumulación patológica de cobre en los tejidos.

14. En la tinción de rodanina los núcleos aparecen de color:

a) Marrón.
b) Rojo.
c) Azul.
d) Amarillo.

Respuesta correcta: c) Azul.

En la tinción de rodanina, los núcleos celulares se tiñen de un color azul, lo que proporciona un contraste adecuado con las estructuras que se tiñen de rojo, como el cobre. Esta combinación de colores facilita la identificación de los núcleos y la visualización de las áreas teñidas de rojo, como el cobre, en las muestras histológicas.

15. En la técnica de Galantha, los uratos aparecen de color:

a) Negro.
b) Azul.
c) Amarillo.
d) Verde.

Respuesta correcta: a) Negro.

En la técnica de Galantha, los uratos se tiñen de un color negro. Esta técnica se utiliza para la identificación de cristales de urato, que pueden estar presentes en muestras de líquido sinovial o de otros fluidos corporales. La visualización de los cristales de urato es importante en el diagnóstico de condiciones como la gota, donde la presencia de estos cristales puede confirmar el diagnóstico.

Solución al test n.º 23

1. a) Perclórico.

2. a) Reactivo de Schiff.

3. a) Verde.

4. b) Verde metilo pironina.

5. a) Feulgen.

6. b) Rojo.

7. a) Reacción de bencidina.

8. a) Transformación del ferrocianuro potásico en presencia de hierro férrico.

9. a) De color verde.

10. a) Azul.

11. a) De color negro.

12. b) Rojo alizarina S.

13. c) Rodanina.

14. c) Azul.

15. a) Negro.

TEST N.º 24

Métodos para la detección de microorganismos: bacterias, ácido, alcohol resistente, espiroquetas, hongos, virus de la hepatitis

1. Las bacterias gram negativas se tiñen de color:

a) Rojo.
b) Azul.
c) Verde.
d) Amarillo.

2. Las bacterias Gram positivas:

a) Son resistentes a la decoloración de alcohol acetona.
b) No son resistentes a la decoloración de alcohol acetona.
c) Se tiñen de rojo.
d) Presentan menos peptidoglicano en su pared.

3. Las micobacterias se colorean con:

a) Fucsina de Zielh.
b) Alcohol ácido.
c) Azul de etileno.
d) Safranina.

4. La tinción de Warthin-Starry es un método de tinción basado en:

a) Cloruro de potasio.
b) Nitrato de plata.
c) Safranina.
d) Reducción de permanganato.

5. La tinción de Warthin Starry pone de manifiesto:

a) Espiroquetas.
b) *Helicobacter pylori*.

c) Legionella.
d) Todas son correctas.

6. El método de Levaditi se utiliza para identificar:

a) Hongos.
b) Virus.
c) Espiroquetas.
d) Bacterias Gram+ y Gram−.

7. En el método Levaditi:

a) Nocardia aparece de color rojo púrpura.
b) Los micelios aparecen de color rosa.
c) Las espiroquetas aparecen de color negro.
d) Todas son correctas.

8. Los bacilos ácidos alcoholes resistentes se tiñen con:

a) Violeta de genciana de gram.
b) Azul de metileno.
c) Fucsina fenicada.
d) PAS.

9. La técnica Grocott tiñe:

a) Sustancia amiloide.
b) Pigmento melánico.
c) Hongos.
d) Bilirrubina.

10. ¿Cuál de los siguientes es el método de elección para identificar bacilos ácido alcohol resistente?

a) Auramina-rodamina.
b) Gram.
c) Grocott.
d) Pas.

11. Los parásitos del paludismo se tiñen con:

a) PAS.
b) Giemsa.
c) PTAH.
d) Ninguna es correcta.

12. ¿Qué técnica es la más usada para la demostración de hongos?

a) Plata metenamina.
b) HE.
c) PAS.
d) Von Kossa.

En MADTEST tienes **más preguntas de este tema, comentadas y argumentadas**, y todos tus avances quedan registrados y se reflejan en el ranking.

¡Supera tus límites con MADTEST!

A continuación te presentamos algunos ejemplos de preguntas comentadas:

13. En la tinción de Gridley:

a) Los hongos se tiñen de rojo sobre fondo amarillo.
b) Los hongos se tiñen de azul sobre fondo rojo.
c) Los hongos se tienen de negro sobre fondo verde.
d) Ninguna es correcta.

Respuesta correcta: a) Los hongos se tiñen de rojo sobre fondo amarillo.

La tinción de Gridley es una técnica utilizada para visualizar hongos en muestras histológicas. En esta tinción, los hongos se tiñen de color rojo, mientras que el fondo de la preparación se tiñe de amarillo. Esto permite una clara identificación de los hongos en el tejido examinado.

14. ¿En qué técnica de tinción aparecen los hepatocitos en replicación de color marrón?

a) Grocott.
b) Giemsa.
c) Orceína de Shikata.
d) Levaditi.

Respuesta correcta: c) Orceína de Shikata.

En la técnica de tinción de Orceína de Shikata, los hepatocitos en replicación se tiñen de color marrón. Esta técnica es útil para identificar hepatocitos que están activamente replicándose, lo que puede ser indicativo de ciertas condiciones patológicas o procesos regenerativos en el hígado.

15. ¿Cuál de los siguientes es el método de elección para visualizar espiroquetas?

a) Mucicarmín.
b) PAS.
c) Warthin-Starry.
d) Giemsa.

Respuesta correcta: c) Warthin-Starry.

El método de tinción de Warthin-Starry es el método de elección para visualizar espiroquetas en muestras histológicas. Esta técnica utiliza sales de plata para teñir las espiroquetas, lo que les confiere un aspecto distintivo oscuro bajo el microscopio. El Warthin-Starry es especialmente útil en el diagnóstico de enfermedades causadas por espiroquetas, como la enfermedad de Lyme y la sífilis.

Solución al test n.º 24

1. a) Rojo.

2. a) Son resistentes a la decoloración de alcohol acetona.

3. a) Fucsina de Zielh.

4. b) Nitrato de plata.

5. d) Todas son correctas.

6. c) Espiroquetas.

7. c) Las espiroquetas aparecen de color negro.

8. c) Fucsina fenicada.

9. c) Hongos.

10. a) Auramina-rodamina.

11. b) Giemsa.

12. a) Plata metenamina.

13. a) Los hongos se tiñen de rojo sobre fondo amarillo.

14. c) Orceína de Shikata.

15. c) Warthin-Starry.

Técnicas inmunohistoquímicas y diagnóstico molecular. Recogida y preparación del tejido

1. Respecto a los anticuerpos se puede decir que:

a) Son moléculas producidas por las células plasmáticas.
b) Para que se induzca a la producción de anticuerpos, el antígeno y los linfocitos B tienen que entrar en contacto.
c) El anticuerpo se une por su extremo variable al antígeno.
d) Todas las opciones son correctas.

2. Señala las moléculas del sistema inmunitario con acción inespecífica:

a) Inmunoglobulinas e interferón.
b) Interferón e interleucinas.
c) Moléculas del complejo mayor de histocompatibilidad.
d) Interferón y sustancia F.

3. ¿Cuál de las siguientes inmunoglobulinas es responsable de las alergias?

a) Las Ig G.
b) Las Ig A.
c) Las Ig E.
d) Las Ig D.

4. La inmunofluorescencia:

a) Es una técnica inmunohistoquímica y su uso está basado en el diagnóstico clínico y en la investigación.
b) Es una técnica rápida de diagnóstico para la identificación de un antígeno expuesto a fluorescencia.
c) La fluorescencia se observa con el microscopio de fluorescencia.
d) Todas las opciones son correctas.

5. El tejido para el proceso de inmunofluorescencia directa:

a) Es tejido liofilizado.
b) Es tejido congelado.
c) Es recién fijado.
d) Está incluido en celoidina.

6. La técnica de inmunofluorescencia indirecta se utiliza para:

a) Detectar autoanticuerpos en el suero de pacientes con enfermedad autoinmune.
b) Detectar anticuerpos antinucleares ANA.
c) Detectar anticuerpos antimicondriales AMA.
d) Todas las opciones son correctas.

7. En la técnica PAP para anticuerpos policlonales se realiza un contraste con:

a) Hematoxilina de Mayer.
b) Con fosfatasa alcalina.
c) Cloruro sódico.
d) Ninguna es cierta.

8. Un control positivo en inmunohistoquímca:

a) Es el tejido indicativo de una tinción óptima, nos informa de; si la recuperación antigénica se ha llevado a cabo correctamente, de lo adecuada que es la fijación del tejido, que todos los reactivos y pasos del protocolo (recuperación antigénica, bloqueo, incubación del anticuerpo primario y visualización) han funcionado correctamente bajo unas condiciones de tiempo y temperatura fijadas.
b) Los tejidos control deben ser procesados bajo las mismas condiciones que las muestras quirúrgicas.
c) Para una buena conservación de los antígenos, se recomienda que la fijación y procesado del tejido sea inmediata.
d) Todas son correctas.

9. ¿Cuál de las siguientes PCR permite detectar múltiples dianas en una sola muestra en una reacción?

a) PCR competitiva.
b) PCR tiempo real.
c) PCR múltiple.
d) PCR anidad.

10. La PCR sirve para:

a) Amplificar ADN.
b) Estudios citológicos.

c) Diagnosticar anemias.
d) Todo lo anterior.

11. El método de Maxam y Guilbert consigue:

a) Transcripción de los ácidos nucleicos.
b) Replicación de los ácidos nucleicos.
c) Secuenciación de los ácidos nucleicos.
d) Traducción de los ácidos nucleicos.

12. Señala el enunciado correcto en relación a la hibridación *in situ*:

a) Demuestra la presencia de una determinada secuencia de ADN complementaria mediante la utilización de una sonda (secuencia de ADN sintética) marcada.
b) Permite visualizar una secuencia de ADN o ARN justo en el sitio físico en el que se encuentra.
c) Permite analizar su localización en células, cromosomas o tejidos preservados.
d) Todas son correctas.

En MADTEST tienes **más preguntas de este tema, comentadas y argumentadas**, y todos tus avances quedan registrados y se reflejan en el ranking.

¡Supera tus límites con MADTEST!

A continuación te presentamos algunos ejemplos de preguntas comentadas:

13. Inmunohistoquímica es:

a) Técnicas basadas en el uso de antígenos marcados para permitir su visualización al microscopio.
b) Técnicas basadas en el uso de anticuerpos marcados que permiten asociar la visualización microscópica de detalles tisulares y células, con la detección de moléculas concretas en la muestra.
c) Es el método por el cual se identifican anticuerpos que se detectan en las células de los tejidos.
d) La técnica basada en la unión ag-ac, marcado con partículas coloreadas.

Respuesta correcta: b) Técnicas basadas en el uso de anticuerpos marcados que permiten asociar la visualización microscópica de detalles tisulares y células, con la detección de moléculas concretas en la muestra.

La inmunohistoquímica es una técnica utilizada en anatomía patológica que se basa en el uso de anticuerpos marcados para detectar la presencia de moléculas específicas en muestras de tejido. Estos anticuerpos se unen a antígenos específicos en la muestra y pueden ser visualizados mediante microscopía, lo que permite la identificación de diversas características celulares y tisulares. Esta técnica es fundamental en el diagnóstico de enfermedades y en la investigación biomédica.

14. La técnica inmunoperoxidasa:

a) Permite la visualización de la reacción antígeno-anticuerpo añadiendo un trazador enzimático junto al cromógeno.
b) Se utiliza la bencidina.
c) No utiliza cromógenos.
d) La peroxidasa es un cromógeno.

Respuesta correcta: a) Permite la visualización de la reacción antígeno-anticuerpo añadiendo un trazador enzimático junto al cromógeno.

La técnica de inmunoperoxidasa es una técnica comúnmente utilizada en inmunohistoquímica. En esta técnica, se utiliza una enzima peroxidasa como marcador que se une a los anticuerpos y permite la visualización de la reacción antígeno-anticuerpo. La peroxidasa cataliza la reacción que convierte un sustrato cromogénico en un producto coloreado, lo que facilita la detección de la presencia del antígeno de interés en la muestra.

15. ¿Qué PCR se realizará para amplificar cadenas de ARN:

a) PCR anidada.
b) PCR transcriptasa inversa.
c) PCR anidada.
d) Ninguna de las anteriores.

Respuesta correcta: b) PCR transcriptasa inversa.

Para amplificar cadenas de ARN en una muestra, se utiliza la técnica de PCR transcriptasa inversa. Esta técnica implica la conversión del ARN en ADN complementario (cADN) utilizando una enzima llamada transcriptasa inversa. Una vez que se ha generado el cADN, se puede llevar a cabo la amplificación mediante PCR estándar. Esta técnica es fundamental en estudios de expresión génica y en la detección de ARN viral en muestras clínicas.

Solución al test n.º 25

1. d) Todas las opciones son correctas.

2. b) Interferón e interleucinas.

3. c) Las Ig E.

4. d) Todas las opciones son correctas.

5. b) Es tejido congelado.

6. d) Todas las opciones son correctas.

7. a) Hematoxilina de Mayer.

8. d) Todas son correctas.

9. c) PCR múltiple.

10. a) Amplificar ADN.

11. c) Secuenciación de los ácidos nucleicos.

12. d) Todas son correctas.

13. b) Técnicas basadas en el uso de anticuerpos marcados que permiten asociar la visualización microscópica de detalles tisulares y células, con la detección de moléculas concretas en la muestra.

14. a) Permite la visualización de la reacción antígeno-anticuerpo añadiendo un trazador enzimático junto al cromógeno.

15. b) PCR transcriptasa inversa.

Introducción a la citopatología. Equipación general de una sección de citopatología. Funciones de los citotecnólogos

1. La Citopatología es:

a) La ciencia que estudia las alteraciones morfológicas de las células.
b) La ciencia que estudia las alteraciones de las células que se desprenden de las cavidades o superficies corporales.
c) La ciencia que estudia las alteraciones de las células que se obtienen mediante instrumentos.
d) Todas son correctas.

2. ¿Qué ciencia se encarga del estudio de las células desprendidas de las cavidades cerradas del organismo?

a) Citología exfoliativa.
b) Citología de derrames.
c) PAFF.
d) Histología.

3. Dentro de la equitación general de una sección de citopatología, encontramos:

a) Sistemas de tinción y lectura automática de preparaciones.
b) Microscopios ópticos.
c) Fotomicroscopio.
d) Todo lo anterior se encuentra en una sección de citopatología.

4. Los extendidos citológicos generalmente se tiñen con:

a) Papanicolau.
b) Giemsa.
c) Diff-Quik.
d) PAS.

5. Las células de citología exfoliativa no se obtienen:

a) Mediante instrumental forzado.
b) Biopsia.
c) Aprovechando células que se desprenden en los fluidos corporales.
d) Mediante lavado.

6. El iniciador de la citología exfoliativa es:

a) Johannes Müller.
b) Hertel.
c) Bennet.
d) Beale.

7. ¿Quién descubrió los cromosomas?

a) Wilhelm Waldeyer.
b) Erlich.
c) Lamb.
d) Hertel.

8. Señale el enunciado incorrecto en relación a la teoría celular:

a) Todos los seres vivos están formados por células.
b) La célula es una unidad atrófica, cada una de ella tiene distintos procesos metabólicos.
c) La célula es una unidad genética.
d) La célula es una unidad anatómica.

9. ¿Quién introdujo el estudio citológico en el diagnóstico precoz del carcinoma uterino?

a) Ernest Ayre.
b) G. Papanicolaou.
c) R. Virchow.
d) T. Schwann.

10. El diagnóstico morfológico basado en los caracteres microscópicos de células y componentes extracelulares, desprendidos de los órganos espontáneamente u obtenidos por procedimientos no invasivos se denomina:

a) Citopatología.
b) Citodiagnóstico.
c) Citología.
d) Citoquímica celular.

11. La citología precoz o exfoliativa no se encarga de la investigación de:

a) Células atípicas de secreciones líquidas.
b) Células atípicas de derrames variados.
c) Células atípicas de piezas operatorias.
d) Célula atípica obtenida por raspado.

12. Es un objetivo del citodiagnóstico:

a) Colaboración en el diagnóstico y tipificación de neoplasias malignas.
b) Diagnóstico específico de algunas lesiones benignas.
c) Elección de pacientes de alto riesgo para un tipo específico de cáncer.
d) Todas son correctas.

En MADTEST tienes **más preguntas de este tema, comentadas y argumentadas**, y todos tus avances quedan registrados y se reflejan en el ranking.

¡Supera tus límites con MADTEST!

A continuación te presentamos algunos ejemplos de preguntas comentadas:

13. ¿Qué catión predomina en el protoplasma?

a) Sodio.
b) Calcio.
c) Potasio.
d) Cloro.

Respuesta correcta: c) Potasio.

El catión que predomina en el protoplasma es el potasio (K^+). Este catión es esencial para el funcionamiento celular, ya que participa en procesos como la transmisión de impulsos nerviosos, la contracción muscular y la regulación del equilibrio osmótico de la célula.

14. ¿Qué tipo de función desempeñan la queratina, elastina y colágena?

a) Son proteínas que desempeñan gran variedad de funciones.
b) Son proteínas que desempeñan funciones de sostén y protección.
c) Son proteínas que participan en la información genética.
d) Todas son correctas.

Respuesta correcta: b) Son proteínas que desempeñan funciones de sostén y protección.

La queratina, elastina y colágena son proteínas estructurales que proporcionan soporte y elasticidad a diversos tejidos del cuerpo. La queratina es importante en la piel, cabello y uñas, la elastina en tejidos elásticos como la piel y las arterias, y el colágeno en tejidos conectivos como la piel, tendones y huesos.

15. Señala cuál es una propiedad fisiológica básica del protoplasma:

a) Irritabilidad.
b) Metabolismo.
c) Reproducción.
d) Todas son propiedades básicas.

Respuesta correcta: d) Todas son propiedades básicas.

Todas las propiedades mencionadas (irritabilidad, metabolismo y reproducción) son características fundamentales del protoplasma y de la vida celular en general. La irritabilidad se refiere a la capacidad de responder a estímulos, el metabolismo incluye todas las reacciones químicas que ocurren en la célula para mantener la vida, y la reproducción es la capacidad de generar descendencia y perpetuar la especie.

Solución al test n.º 26

1. d) Todas son correctas.

2. a) Citología exfoliativa.

3. d) Todo lo anterior se encuentra en una sección de citopatología.

4. a) Papanicolau.

5. b) Biopsia.

6. a) Johannes Müller.

7. a) Wilhelm Waldeyer.

8. b) La célula es una unidad atrófica, cada una de ella tiene distintos procesos metabólicos.

9. b) G. Papanicolaou.

10. b) Citodiagnóstico.

11. c) Células atípicas de piezas operatorias.

12. d) Todas son correctas.

13. c) Potasio.

14. b) Son proteínas que desempeñan funciones de sostén y protección.

15. d) Todas son propiedades básicas.

Tipos de muestras en citopatología: exfoliativa, por punción aspiración con aguja fina (PAAF), de líquidos y secreciones, etc. Generalidades sobre la obtención, pre-fijación y envío de dichas muestras

1. Las células de citología exfoliativa se pueden obtener por:

a) Frotamiento o raspado.
b) Aprovechando líquidos que transportan los elementos descamados de forma espontánea.
c) Mediante punción.
d) Todas son correctas.

2. Las muestras procedentes de punción se deben fijar en:

a) Citospray.
b) Etanol al 96 %.
c) Alcohol etílico.
d) Alcohol de metilo.

3. Los cepillados orofaringoesofágicos y bronquiales:

a) Se extienden y se fijan en metilo.
b) Se fijan en alcohol al 50 %.
c) Se fijan en etanol al 96 %.
d) Se fijan en etanol al 50 %.

4. Las citologías ginecológicas y las muestras obtenidas por cepillado:

a) Se envían extendidas.
b) Se envían en forma de suspensiones celulares.
c) No es necesario realizar fijación.
d) Todas son correctas.

5. Los materiales líquidos como orina, esputos, aspirados, deben:

a) Enviarse en fresco.

b) Procesarse en pocas horas.

c) Si no fuera posible su procesamiento rápido, se fijan en etanol al 50 %, siendo el volumen del fijador igual o ligeramente superior al del líquido de estudio.

d) Todas son correctas.

6. La PAAF está indicada en:

a) Masas clínicamente palpables.

b) Masas no palpables pero asequibles por técnicas de imagen.

c) Diagnóstico de lesiones nodulares sólidas con el fin de diferenciar si son benignas o malignas.

d) Todas son correctas.

7. Señala la opción incorrecta con respecto al PAAF:

a) Es un procedimiento muy invasivo.

b) No es peligroso en pacientes con alteraciones de la hemostasia.

c) En órganos superficiales las complicaciones se limitan a un pequeño hematoma en la zona de punción.

d) El trayecto de la punción y alrededor de ella puede alterar la morfología.

8. Las extensiones para ser coloreadas con May-Grünwald-Giemsa deben ser fijadas con:

a) Alcohol de 95°

b) Éter alcohol.

c) Secadas al aire.

d) Cloroformo.

9. ¿Qué material prepara el TEAP para realizar una PAAF?

a) Laminillas identificadas con el número de PAAF.

b) Soporte para la jeringa (pistola Cameco).

c) Cubetas con gradillas con alcohol de 96°.

d) Todas son correctas.

10. Si al realizar una tinción con Diff-Quick en material de PAAF se observa que es escaso, necrótico o hemático:

a) Se fija.

b) Se realiza otra tinción con Papanicolaou.

c) Se realiza una segunda toma, variando el área.

d) Se añade suero fisiológico.

11. La PAAF está contraindicada:

a) En nódulo que late.
b) En paciente con masa inguinal.
c) En quiste hidatídico.
d) Todas son correctas.

12. Son funciones del TEAP durante la PAAF:

a) Asistencia del paciente durante la punción.
b) Custodia de muestras.
c) Procesado de muestras según rutina.
d) Todas son correctas.

En MADTEST tienes **más preguntas de este tema, comentadas y argumentadas**, y todos tus avances quedan registrados y se reflejan en el ranking.

¡Supera tus límites con MADTEST!

A continuación te presentamos algunos ejemplos de preguntas comentadas:

13. Las muestras procedentes de punción se deben fijar en:

a) Citospray.
b) Etanol al 96 %.
c) Alcohol etílico.
d) Alcohol de metilo.

Respuesta correcta: b) Etanol al 96 %.

El etanol al 96 % es el fijador preferido para muestras obtenidas mediante punción, ya que permite una adecuada preservación de las células y evita su deterioro. Este tipo de fijador es efectivo para mantener la integridad celular y facilita el posterior procesamiento de las muestras en el laboratorio para su análisis citológico.

14. ¿Cuál de estos líquidos se extrae por punción?

a) Esputo.
b) Cepillado bronquial.
c) Líquido de quistes.
d) Exudado mamario.

Respuesta correcta: c) Líquido de quistes.

El líquido de quistes es un tipo de muestra que se puede obtener mediante punción aspirativa con aguja fina (PAAF) o punción con aguja gruesa (PAG). Este líquido puede encontrarse en quistes de diferentes localizaciones en el cuerpo, como quistes ováricos, quistes mamarios, quistes tiroideos, entre otros. La extracción de este líquido por punción permite obtener muestras para su análisis citológico, lo que puede ser útil para el diagnóstico de diversas patologías

15. Sobre el bloque celular es falso que:

a) Se obtiene recuperando el líquido o aguja de punción los restos tisulares.
b) Se fija en formalina.
c) Se fija con Bouin.
d) Se tiñe con Papanicolaou.

Respuesta correcta: d) Se tiñe con Papanicolaou.

El bloque celular no se tiñe con la técnica de Papanicolaou. La técnica de Papanicolaou se utiliza para el procesamiento y tinción de muestras citológicas obtenidas mediante raspado o cepillado, no para muestras en bloque. Los bloques celulares, por otro lado, se obtienen mediante la agregación de las células obtenidas de la muestra citológica y se fijan para preservar su estructura. Estos bloques luego se cortan en secciones delgadas y se tiñen con diversas técnicas citológicas para su posterior examen microscópico.

Solución al test n.º 27

1. d) Todas son correctas.

2. b) Etanol al 96 %.

3. c) Se fijan en etanol al 96 %.

4. a) Se envían extendidas.

5. d) Todas son correctas.

6. Todas son correctas.

7. a) Es un procedimiento muy invasivo.

8. c) Secadas al aire.

9. d) Todas son correctas.

10. c) Se realiza una segunda toma, variando el área.

11. d) Todas son correctas.

12. d) Todas son correctas.

13. b) Etanol al 96 %.

14. c) Líquido de quistes.

15. d) Se tiñe con Papanicolaou.

**Procesamiento general del material citopatológico:
extensión de esputos y aspira-dos bronquiales, líquidos diversos,
lavados bronquiales y gástricos, punción aspiración
con aguja fina (P.A.A.F.). Fijación**

1. El protocolo de preparación de las muestras citológicas para microscopia comprende tres fases sucesivas:

a) Fijación, extensión y tinción.
b) Extensión, fijación y tinción.
c) Secado, extensión y tinción.
d) Extensión, secado y tinción.

2. El protocolo para extendidos de esputos y aspirados bronquiales comprende:

a) Extensión directa en espiral de la zona más representativa.
b) Una extensión directa de la superficie, espuma en espiral y una extensión del poso, obtenido tras centrifugación a 1500 rpm durante un tiempo de diez minutos.
c) Las opciones a) y b) son correctas.
d) Las opciones a) y b) son falsas.

3. Señala el enunciado correcto respecto a las muestras de esputo:

a) Es un material de origen bronco-alveolar constituido por moco, que incluye elementos celulares.
b) Se obtiene mediante expectoración voluntaria.
c) Se obtiene mediante expectoración inducida por inhalación de soluciones en aerosol durante 15-30 minutos.
d) Todas las opciones son correctas.

4. Uno de los siguientes enunciados es incorrecto:

a) Las muestras de esputo se remiten rápidamente al laboratorio.
b) Las muestras de esputo deben de fijarse en metanol.

c) Para el procesado adecuado, en primer lugar se realiza un estudio macroscópico para seleccionar las zonas de mayor interés.

d) Se realiza la técnica de Saccomano.

5. La obtención de muestras por broncoscopio se obtiene por:

a) Aspirado bronquial.
b) Lavado bronquial.
c) Cepillado bronquial.
d) Por cualquiera de los métodos anteriores.

6. ¿Cuál de los siguientes es un material no extendido ni fijado?

a) Sangre.
b) Orina.
c) Líquido cefalorraquídeo.
d) Ninguno de los anteriores.

7. Para el estudio de los líquidos se utiliza una de las siguientes técnicas:

a) La filtración sobre Filtro Millipor.
b) La filtración sobre policarbonato de Nucleopore.
c) Centrifugación y examen del sedimento.
d) Todas se utilizan.

8. Señala el enunciado incorrecto en relación con las muestras de orina:

a) Se recogen alrededor de 500 ml.
b) Se examina el sedimento de la centrifugación con el fin de identificar cristales.
c) Si se aprecian hematíes en orina se hemolizan con ácido acético al 5%.
d) Se centrifugan 50 ml a 1500 rpm.

9. Las técnicas de las capas húmedas se utilizan para el procesamiento de:

a) Líquido ascítico.
b) Líquido cefalorraquídeo.
c) Líquido pleural.
d) Líquido sinovial.

10. ¿Qué líquido es procesado inmediatamente o filtrado sobre millipore?

a) Líquido quístico.
b) Líquido procedente de aspiración gástrico.
c) Líquido procedente de aspiración uterina.
d) Cualquiera de los anteriores.

11. Si se lleva a cabo un citodiagnóstico sobre pieza operatoria:

a) La técnica se realiza sobre piezas operatorias frescas o conservadas en hielo.
b) La zona tumoral se secciona por su parte media y la superficie de sección se deposita en el centro de un portaobjetos.
c) La otra mitad de la zona tumoral se utiliza para realizar extensiones del líquido tisular de la superficie de la sección obtenida mediante raspado con el bisturí o lanceta.
d) Todas son correctas.

12. ¿Cuál es el método de tinción más utilizado en citología exfoliativa?

a) Papanicolaou.
b) Eritrosina naranja.
c) Azul de toluidina.
d) Azocarmín.

En MADTEST tienes **más preguntas de este tema, comentadas y argumentadas**, y todos tus avances quedan registrados y se reflejan en el ranking.

¡Supera tus límites con MADTEST!

A continuación te presentamos algunos ejemplos de preguntas comentadas:

13. Para la fijación del material citopatológico, la solución fijadora más utilizada es:

a) Isopropanol al 80 %.
b) Alcohol etílico al 96 %.
c) Metanol al 100 %.
d) Carnoy vapor de formol.

Respuesta correcta: b) Alcohol etílico al 96 %.

El alcohol etílico al 96 % es la solución fijadora más comúnmente utilizada en citopatología debido a su capacidad para preservar las características celulares y mantener la integridad de las muestras. Esta solución permite una adecuada fijación de las células y su posterior análisis citológico.

14. ¿Mediante que técnica se obtiene el esputo para el posterior análisis citológico?

a) Expectoración.
b) Aspiración.
c) PAAF.
d) Todas son correctas.

Respuesta correcta: a) Expectoración.

La expectoración es la técnica utilizada para obtener muestras de esputo para el análisis citológico. En esta técnica, el paciente expulsa de manera voluntaria muestras de moco y células de las vías respiratorias, las cuales son recolectadas y analizadas para detectar la presencia de células anormales, microorganismos patógenos u otras anomalías.

15. ¿Qué tipo de muestras se recogen en recipientes con anticoagulante (heparina)?

a) Líquido cefalorraquídeo.
b) Derrames pleurales, ascíticos o pericárdicos.
c) Secreciones prostáticas.
d) Secreciones bronquiales.

Respuesta correcta: b) Derrames pleurales, ascíticos o pericárdicos.

Los derrames pleurales, ascíticos o pericárdicos son muestras líquidas que se pueden coagular fácilmente, por lo que se recogen en recipientes que contienen un anticoagulante como la heparina. Este anticoagulante ayuda a mantener la muestra en un estado líquido y evita la formación de coágulos, lo que facilita su posterior análisis citológico.

Solución al test n.º 28

1. b) Extensión, fijación y tinción.

2. c) Las opciones a) y b) son correctas.

3. d) Todas las opciones son correctas.

4. b) Las muestras de esputo deben de fijarse en metanol.

5. d) Por cualquiera de los métodos anteriores.

6. d) Ninguno de los anteriores.

7. d) Todas se utilizan.

8. a) Se recogen alrededor de 500 ml.

9. b) Líquido cefalorraquídeo.

10. d) Cualquiera de los anteriores.

11. d) Todas son correctas.

12. a) Papanicolaou.

13. b) Alcohol etílico al 96 %.

14. a) Expectoración.

15. b) Derrames pleurales, ascíticos o pericárdicos.

Coloraciones para estudios citológicos.
Métodos de coloración más importantes: coloración
de Papanicolaou, de May-Grünwald-Giemsa, de Diff- Quik

1. ¿Qué coloración de las siguientes consta de un fijador y dos soluciones colorantes?

a) Rojo Mallory.
b) Papanicolau.
c) Diff-Quik.
d) Naranja G.

2. La coloración de Papanicolau utiliza como colorante nuclear:

a) Hematoxilina.
b) Eosina.
c) Verde de malaquita.
d) Safranina.

3. La coloración de rutina más empleada en material citopatológico es:

a) Gram.
b) Papanicolau.
c) Giemsa.
d) Zielh-Neelsen.

4. La coloración de Papanicolau utiliza como colorante citoplasmático:

a) Hematoxilina.
b) Lugol.
c) Diversas mezclas como naranja G, la eosina, el verde luz SF y el pardo Bismark (EA).
d) Ninguna es correcta.

5. Señala la respuesta correcta en relación con la coloración de May-Grümwald-Giemsa (MGG):

a) Esta coloración también se denomina Panóptico de Panppenheim.
b) Se utiliza sobre material secado al aire, en citologías por punción aspiración.
c) Consiste en una combinación de dos coloraciones sucesivas de MGG, que utilizan diferentes variante de azul de metileno.
d) Todas las opciones son correctas.

6. Con la tinción de MGG se resaltan detalles como:

a) Vacuolas.
b) Gránulos o mociona.
c) Colágeno.
d) Todas las opciones son correctas.

7. Señala la respuesta correcta sobre la coloración de Diff-Quik:

a) Es una tinción que requiere más tiempo que la MGG.
b) Es una tinción rápida que consta de tres soluciones.
c) Es imprescindible secarla.
d) Todas son correctas.

8. ¿Cuál de las combinaciones de colorantes citados a continuación se mezcla con la eosina alcohólica en la técnica de Papanicolau?

a) Orange y verde luz.
b) Verde de metilo y rojo Mallory.
c) Escarlata de Biebrich y verde de metilo.
d) Ninguna de las anteriores.

9. La hematoxilina tiene afinidad por:

a) Elementos básicos.
b) Elementos ácidos.
c) Elementos neutros.
d) Elementos anfotéricos.

10. El orange G tiene afinidad por:

a) Elementos básicos.
b) Elementos ácidos.
c) Elementos neutros.
d) Elementos sin carga.

11. ¿Qué hematoxilina se utilizan en la tinción de Papanicolau?

a) No se utiliza.
b) La de Harris.
c) La de alumbre.
d) La fosfotúngstica.

12. La tinción de Papanicolau:

a) Es una tinción polícroma.
b) Es tricrómica.
c) Utiliza rojo nuclear.
d) Es monocromática.

En MADTEST tienes **más preguntas de este tema, comentadas y argumentadas**, y todos tus avances quedan registrados y se reflejan en el ranking.

¡Supera tus límites con MADTEST!

A continuación te presentamos algunos ejemplos de preguntas comentadas:

13. La tinción de Papanicolau:

a) Es una tinción de rutina.
b) Es policroma, porque, utiliza colorantes variados.
c) Distingue entre las diferentes estructuras.
d) Todas correctas.

Respuesta correcta: d) Todas correctas.

La tinción de Papanicolaou es una técnica de rutina utilizada en citología para teñir células y detectar anomalías, como células precancerosas o cancerosas. Es policroma, lo que significa que utiliza varios colorantes para resaltar diferentes estructuras celulares. Además, permite distinguir entre las diferentes estructuras celulares, lo que facilita la interpretación de las muestras.

14. Es cierto en relación a la tinción con Diff-Quik:

a) Es una tinción rápida.
b) Las preparaciones teñidas con Diff-Quik se pueden colorear con Papanicolau sin desteñirlas previamente.

c) Con esta técnica se obtienen las mismas tonalidades que con la May-Grünwald-Giemsa.

d) Todas son correctas.

Respuesta correcta: d) Todas son correctas.

La tinción con Diff-Quik es una técnica rápida utilizada en citología que permite teñir las preparaciones en poco tiempo. Las muestras teñidas con Diff-Quik se pueden colorear posteriormente con la tinción de Papanicolaou sin necesidad de desteñirlas previamente. Además, con esta técnica se pueden obtener resultados similares en cuanto a tonalidades celulares que con la tinción de May-Grünwald-Giemsa.

15. La solución May-Grünwald puede sustituirse por:

a) Alcohol metílico puro.

b) Giemsa puro.

c) Alcohol de 80º.

d) Las opciones a) y b) son correctas.

Respuesta correcta: d) Las opciones a) y b) son correctas.

La solución May-Grünwald es un componente de la tinción de May-Grünwald-Giemsa utilizada en citología. Puede sustituirse por alcohol metílico puro o Giemsa puro en determinadas circunstancias, lo que permite adaptar la técnica según las necesidades específicas del laboratorio o la muestra a analizar.

Solución al test n.º 29

1. c) Diff-Quik.

2. a) Hematoxilina.

3. b) Papanicolau.

4. c) Diversas mezclas como naranja G, la eosina, el verde luz SF y el pardo Bismark (EA).

5. d) Todas las opciones son correctas.

6. d) Todas las opciones son correctas.

7. b) Es una tinción rápida que consta de tres soluciones.

8. a) Orange y verde luz.

9. b) Elementos ácidos.

10. a) Elementos básicos.

11. b) La de Harris.

12. a) Es una tinción polícroma.

13. d) Todas correctas.

14. d) Todas son correctas.

15. d) Las opciones a) y b) son correctas.

Aspectos básicos de citodiagnóstico. Estructura fundamental de la célula. Generalidades sobre núcleo y citoplasma. Citodiagnóstico de la inflamación tisular. Criterios citológicos de malignidad celular

1. Un sistema de transporte activo a través de la membrana:

a) No requiere energía.
b) Requiere energía.
c) Utiliza ARTasa.
d) Ninguna es correcta.

2. El líquido interno del núcleo se denomina:

a) Sarcoplasma.
b) Nucleoplasma.
c) Sarcolema.
d) Ninguna es correcta.

3. ¿Qué orgánulo posee en su interior enzimas digestivas?

a) Ribosoma.
b) Vacuolas.
c) Lisosomas.
d) Cloroplastos.

4. ¿Cómo emigran los leucocitos entre las células endoteliales?

a) Por pseudópodos.
b) Por quimiotaxis.
c) Por opsonización.
d) Por flotación.

5. Una inflamación de tipo 1 es:

a) Inflamación serosa.
b) Inflamación fibrinosa.

c) Inflamación purulenta.
d) Inflamación mucosa.

6. El tamaño celular que conlleva un aumento del tamaño del órgano se asocia con el término:

a) Atrofia.
b) Hipertrofia.
c) Hiperplasia.
d) Displasia.

7. El incremento en el número de células se denomina:

a) Atrofia.
b) Hipertrofia.
c) Hiperplasia.
d) Displasia.

8. Se denomina muerte celular programada la:

a) Apoptisis.
b) Lisis.
c) Necrosis.
d) Apoxia.

9. El proceso de fragmentación nuclear en trozos con cromatina condensada se denomina:

a) Cariopicnosis.
b) Cariorrexis.
c) Cariólisis.
d) Cariolítico.

10. Señala cuál de los siguientes no es un criterio de malignidad celular:

a) Pleomorfismo celular.
b) Microcariosis.
c) Intensa basofilia y vacuolización citoplasmática.
d) Multinucleación.

11. Si la disminución de oxígeno sigue avanzando producirá una lesión celular irreversible en la célula, que provocará la muerte celular y:

a) Vacuolización de las mitocondrias.
b) Lesión en la membrana.

c) Cambios significativos en el núcleo.
d) Todas son correctas.

12. Un leiomioma es:

a) Tumor benigno de tejido muscular estriado.
b) Tumor benigno de tejido glandular.
c) Tumor benigno de tejido muscular liso.
d) Tumor benigno de tejido linfático.

En MADTEST tienes **más preguntas de este tema, comentadas y argumentadas**, y todos tus avances quedan registrados y se reflejan en el ranking.

¡Supera tus límites con MADTEST!

A continuación te presentamos algunos ejemplos de preguntas comentadas:

13. ¿Cuál de estas células no es característica de la inflamación crónica?

a) Células plasmáticas.
b) Linfocitos.
c) Monocitos.
d) Polimorfonucleares.

Respuesta correcta: d) Polimorfonucleares.

En la inflamación crónica, las células predominantes son los linfocitos, células plasmáticas y monocitos. Los polimorfonucleares, como los neutrófilos, son más característicos de la inflamación aguda.

14. ¿Cómo se denomina al cambio de un tejido por otro maduro?

a) Aplasia.
b) Metaplasia.
c) Displasia.
d) Hipertrofia.

Respuesta correcta: b) Metaplasia.

La metaplasia es un proceso en el cual un tipo de células maduras es reemplazado por otro tipo de células maduras en un tejido determinado. Esencialmente, es un cambio reversible en el tipo de células presentes en un tejido debido a la adaptación a un estímulo ambiental anormal o crónico. Este cambio celular es una respuesta adaptativa del tejido a condiciones adversas, como la irritación crónica o la inflamación persistente. La metaplasia puede ocurrir en varios tipos de tejidos del cuerpo humano, como el epitelio, el tejido conectivo y el tejido muscular.

15. Señala cuál de los siguientes es un criterio de malignidad celular:

a) Anomalías en la forma del núcleo.
b) Nucléolos angulares, grandes o múltiples.
c) Figuras mitóticas aumentadas o anormales.
d) Todos son criterios de malignidad celular.

Respuesta correcta: d) Todos son criterios de malignidad celular.

Los criterios de malignidad celular son características observadas en las células que sugieren la presencia de cáncer o neoplasias malignas. Estos criterios pueden variar dependiendo del tipo de célula y del contexto clínico, pero algunos de los criterios más comunes incluyen:

– Anomalías en la forma del núcleo: como la presencia de núcleos irregulares, agrandados, hipercromáticos (más oscuros) o con formas atípicas.

– Nucléolos prominentes: los nucléolos son estructuras dentro del núcleo celular y su tamaño, número o forma pueden estar aumentados en células malignas.

– Figuras mitóticas aumentadas o anormales: las células malignas a menudo muestran un aumento en la actividad mitótica, con un número mayor de mitosis que las células normales. Además, estas mitosis pueden ser anormales, con una distribución desigual de cromosomas o estructuras mitóticas anómalas.

– Cambios en el tamaño y la forma celular: las células malignas pueden mostrar un tamaño y una forma desproporcionados en comparación con las células normales del tejido circundante.

– Alteraciones en la relación núcleo-citoplasma: las células malignas pueden tener una relación núcleo-citoplasma anormal, con un núcleo desproporcionadamente grande en comparación con el citoplasma.

Solución al test n.º 30

1. b) Requiere energía.

2. b) Nucleoplasma.

3. c) Lisosomas.

4. a) Por pseudópodos.

5. a) Inflamación serosa.

6. b) Hipertrofia.

7. c) Hiperplasia.

8. a) Apoptisis.

9. b) Cariorrexis.

10. b) Microcariosis.

11. d) Todas son correctas.

12. c) Tumor benigno de tejido muscular liso.

13. d) Polimorfonucleares.

14. b) Metaplasia.

15. d) Todos son criterios de malignidad celular.

Citología del aparato genital femenino. Citología cervical. Citología de la vulva y vagina. Citología del endometrio

1. ¿Cuál de las siguientes estructuras forma parte de los genitales internos del aparato reproductor femenino?

a) Monte de Venus.
b) Labios menores.
c) Trompas de Falopio.
d) Clítoris.

2. ¿Cuál es la función principal de las glándulas de Bartholin?

a) Segregar hormonas sexuales.
b) Producir un moco claro y viscoso.
c) Generar células germinales.
d) Lubricar el cérvix.

3. ¿Qué tipo de epitelio recubre la vagina?

a) Epitelio cilíndrico simple.
b) Epitelio escamoso estratificado no queratinizado.
c) Epitelio cúbico estratificado.
d) Epitelio cilíndrico ciliado.

4. ¿Cuál de las siguientes afirmaciones sobre el cérvix es correcta?

a) Está completamente cubierto por perimetrio.
b) Se encuentra unido al útero por ligamentos suspensorios.
c) Tiene glándulas mucosecretantes que varían según el ciclo menstrual.
d) Su epitelio es predominantemente ciliado.

5. ¿Qué capa del útero se desprende durante la menstruación?

a) Perimetrio.
b) Endometrio basal.
c) Miometrio.
d) Endometrio funcional.

6. ¿Dónde se produce con mayor frecuencia la fecundación del óvulo?

a) Infundíbulo.
b) Ampolla de la trompa de Falopio.
c) Cavidad uterina.
d) Istmo de la trompa.

7. ¿Cuál de las siguientes capas del útero contiene músculo liso y permite su contracción durante el parto?

a) Endometrio funcional.
b) Miometrio.
c) Endometrio basal.
d) Perimetrio.

8. ¿Qué estructura anatómica conecta el útero con los genitales externos?

a) Trompa de Falopio.
b) Clítoris.
c) Vagina.
d) Cérvix.

9. ¿Cuál es el nombre del folículo ovárico que se rompe durante la ovulación?

a) Folículo de Graaf.
b) Cuerpo lúteo.
c) Folículo primordial.
d) Cuerpo blanco.

10. ¿Cuál es el origen de las células que revisten el epitelio germinal del ovario?

a) Células musculares.
b) Epitelio cúbico superficial.
c) Células mesenquimatosas.
d) Células epiteliales ciliadas.

11. ¿Cuál de las siguientes opciones describe mejor la zona de transformación del cérvix uterino?

a) Área del exocérvix recubierta por epitelio plano queratinizado.
b) Región donde se localizan las glándulas de Naboth.
c) Unión entre el epitelio cilíndrico endocervical y el epitelio escamoso exocervical.
d) Área correspondiente al canal endometrial.

12. ¿Qué tipo celular predomina en el epitelio del exocérvix?

a) Células cilíndricas mucosecretoras.
b) Células cúbicas basales.
c) Células ciliadas epiteliales.
d) Células escamosas estratificadas ricas en glucógeno.

En MADTEST tienes **más preguntas de este tema, comentadas y argumentadas**, y todos tus avances quedan registrados y se reflejan en el ranking.

¡Supera tus límites con MADTEST!

A continuación te presentamos algunos ejemplos de preguntas comentadas:

13. ¿Cuál de las siguientes características se considera propia de una muestra citológica insatisfactoria?

a) Presencia de células endocervicales.
b) Presencia de células de la zona de transformación.
c) Celularidad inferior al 10% del área evaluada.
d) Inclusión de células escamosas superficiales.

Respuesta Correcta: c) Celularidad inferior al 10% del área evaluada.

Una muestra citológica se considera insatisfactoria cuando presenta una celularidad tan escasa que impide una correcta interpretación diagnóstica. Para una muestra adecuada, debe observarse un número suficiente de células escamosas, así como la representación de la zona de transformación. La ausencia de estos elementos compromete la validez del resultado y puede requerir la repetición de la toma.

14. ¿Cuál es la finalidad de utilizar fijadores en la preparación de las láminas citológicas?

a) Eliminar contaminantes del frotis.
b) Mejorar la visibilidad del núcleo celular.
c) Prevenir la deshidratación del medio de cultivo.
d) Conservar la morfología celular y evitar artefactos por secado al aire.

Respuesta Correcta: d) Conservar la morfología celular y evitar artefactos por secado al aire.

La fijación inmediata de las muestras citológicas es un paso crítico para preservar la integridad morfológica de las células. El secado al aire produce alteraciones estructurales en el citoplasma y núcleo que pueden dificultar la interpretación diagnóstica. Los fijadores, como el alcohol o los aerosoles citológicos, estabilizan las estructuras celulares al coagular las proteínas, permitiendo una tinción precisa y reproducible con técnicas como la de Papanicolaou.

15. ¿Qué técnica citológica se utiliza con mayor frecuencia para la detección precoz del cáncer de cuello uterino?

a) Tinción de Papanicolaou.
b) Inmunohistoquímica.
c) Tinción de Giemsa.
d) Hibridación in situ.

Respuesta Correcta: c) Tinción de Papanicolaou.

La tinción de Papanicolaou es el método de referencia en el cribado del cáncer de cérvix. Esta técnica permite diferenciar claramente las características citológicas del núcleo y citoplasma, facilitando la detección de alteraciones celulares premalignas y malignas. Su sensibilidad y especificidad se han incrementado con el uso combinado de métodos moleculares para la detección del VPH de alto riesgo.

Solución al test n.º 31

1. c) Trompas de Falopio.

2. b) Producir un moco claro y viscoso.

3. b) Epitelio escamoso estratificado no queratinizado.

4. c) Tiene glándulas mucosecretantes que varían según el ciclo menstrual.

5. d) Endometrio funcional.

6. b) Ampolla de la trompa de Falopio.

7. b) Miometrio.

8. c) Vagina.

9. a) Folículo de Graaf.

10. b) Epitelio cúbico superficial.

11. c) Unión entre el epitelio cilíndrico endocervical y el epitelio escamoso exocervical.

12. d) Células escamosas estratificadas ricas en glucógeno.

13. c) Celularidad inferior al 10% del área evaluada.

14. d) Conservar la morfología celular y evitar artefactos por secado al aire.

15. a) Tinción de Papanicolaou.

Citopatología funcional ginecológica: Influencias normales. Ciclo menstrual. Alteraciones

1. ¿Cuál es el eje que regula el ciclo genital femenino?

a) Hipotálamo–tiroides–útero.
b) Hipófisis–suprarrenal–ovario.
c) Ovario–suprarrenal–páncreas.
d) Hipotálamo–hipófisis–ovario.

2. La duración media del ciclo menstrual es de:

a) 14 días.
b) 21 días.
c) 28 días.
d) 40 días.

3. ¿Cuál es el volumen aproximado del sangrado menstrual?

a) 5–10 mL.
b) 20–40 mL.
c) 30–80 mL.
d) 100–200 mL.

4. La capa del endometrio que se desprende durante la menstruación es:

a) Capa basal.
b) Capa funcional.
c) Capa muscular.
d) Estroma profundo.

5. ¿En qué fase endometrial las glándulas se vuelven tortuosas y secretoras?

a) Secretora.
b) Proliferativa.

c) Menstrual.
d) Regenerativa.

6. El folículo dominante aparece durante la fase:

a) Lútea.
b) Menstrual.
c) Folicular.
d) Secretora.

7. La ovulación ocurre como consecuencia directa de:

a) Pico de FSH.
b) Pico preovulatorio de LH.
c) Disminución de estradiol.
d) Aumento de progesterona.

8. Tras la ovulación, el folículo roto se transforma en:

a) Folículo primordial.
b) Cuerpo albicans inmediato.
c) Folículo antral.
d) Cuerpo lúteo.

9. ¿Dónde debe tomarse el frotis para diagnóstico hormonal?

a) Fondo de saco posterior.
b) Exocérvix.
c) Cara lateral de vagina.
d) Introito vaginal.

10. ¿Qué técnica de tinción se utiliza para la citología funcional?

a) Giemsa.
b) Diff-Quick.
c) Ziehl–Neelsen.
d) Papanicolaou.

11. El índice de cariopicnosis evalúa principalmente:

a) Actividad progesterónica.
b) Actividad androgénica.
c) Actividad estrogénica.
d) Actividad tiroidea.

12. Un índice de eosinofilia alto indica:

a) Predominio de células basales.
b) Ausencia de maduración.
c) Fuerte estímulo progestacional.
d) Maduración estrogénica completa.

En MADTEST tienes **más preguntas de este tema, comentadas y argumentadas**, y todos tus avances quedan registrados y se reflejan en el ranking.

¡Supera tus límites con MADTEST!

A continuación te presentamos algunos ejemplos de preguntas comentadas:

13. El índice de plegadura es un marcador de:

a) Actividad progesterónica.
b) Estímulo estrogénico.
c) Atrofia epitelial.
d) Inflamación.

Respuesta correcta: a) Actividad progesterónica.

Las plegaduras citoplasmáticas de las células intermedias se asocian al efecto turgente de la progesterona.

14. El índice de agrupamiento evalúa:

a) Maduración global.
b) Cohesión inducida por progesterona.
c) Actividad atrófica.
d) Actividad ovulatoria.

Respuesta correcta: b) Cohesión inducida por progesterona.

Comentario: La progesterona aumenta la cohesividad entre células intermedias, favoreciendo su disposición en grupos.

15. El índice de maduración clasifica células en los grupos:

a) 1, 2 y 3.
b) X, Y y Z.

c) Basales-parabasales, intermedias y superficiales.

d) Cuboidales, cilíndricas y glandulares.

Respuesta correcta: c) Basales-parabasales, intermedias y superficiales.

Este índice resume el estado madurativo del epitelio. Una mayor proporción de células superficiales indica predominio estrogénico, mientras que el aumento de células intermedias sugiere acción progesterónica y la presencia de células basales se asocia a estados hipoestrogénicos.

Solución al test n.º 32

1. d) Hipotálamo–hipófisis–ovario.

2. c) 28 días.

3. c) 30–80 mL.

4. b) Capa funcional.

5. a) Secretora.

6. c) Folicular.

7. b) Pico preovulatorio de LH.

8. d) Cuerpo lúteo.

9. c) Cara lateral de vagina.

10. d) Papanicolaou.

11. c) Actividad estrogénica.

12. d) Maduración estrogénica completa.

13. a) Actividad progesterónica.

14. b) Cohesión inducida por progesterona.

15. c) Basales-parabasales, intermedias y superficiales.

Citolopatología ginecológica infeccioso-inflamatoria. Citopatología ginecológica neoplásica. Sistema Bethesda

1. ¿Qué síntoma es característico de un proceso inflamatorio cervicovaginal?

a) Metrorragia abundante.
b) Leucorrea.
c) Dolor referido lumbar.
d) Incontinencia.

2. La presencia abundante de leucocitos polimorfonucleares en un frotis indica:

a) Regeneración endometrial.
b) Atrofia epitelial.
c) Inflamación activa.
d) Reparación tisular.

3. ¿Qué tipo celular aparece con frecuencia en frotis con cervicitis granulo-matosa?

a) Eritrocitos.
b) Células gigantes de cuerpo extraño.
c) Células superficiales queratinizadas.
d) Células metaplásicas maduras.

4. La presencia de células basales en un frotis indica:

a) Alteración epitelial.
b) Epitelio maduro.
c) Ciclo ovulatorio.
d) Regeneración normal.

5. ¿Qué hallazgo corresponde a degeneración inflamatoria del citoplasma escamoso?

a) Eosinofilia focal.
b) Basofilia intensa.
c) Pérdida de membrana nuclear.
d) Queratinización completa.

6. ¿Qué proceso genera células escamosas en "empedrado"?

a) Atrofia.
b) Metaplasia escamosa.
c) Reparación glandular.
d) Hiperqueratosis.

7. En la reparación epitelial aparecen con frecuencia:

a) Núcleos picnóticos.
b) Células multinucleadas.
c) Pseudosincitios.
d) Coilocitos.

8. La hiperqueratosis se caracteriza citológicamente por:

a) Núcleo hipercromático.
b) Ausencia de núcleo.
c) Citoplasma basófilo.
d) Inclusiones virales.

9. La paraqueratosis se diferencia de la hiperqueratosis porque:

a) Las células presentan núcleo conservado.
b) No hay queratinización.
c) No presenta orangofilia.
d) Las células son exclusivamente basales.

10. ¿Qué microorganismo forma parte habitual de la flora vaginal?

a) Actinomyces israelii.
b) Chlamydia trachomatis.
c) Trichomonas vaginalis.
d) Lactobacillus acidophilus.

11. La citólisis marcada con abundantes núcleos desnudos suele observarse en:

a) Embarazo.
b) Menopausia.

c) Atrofia severa.
d) Infección viral.

12. ¿Qué microorganismo produce "células clue"?

a) *Gardnerella vaginalis.*
b) *Candida glabrata.*
c) *Neisseria gonorrhoeae.*
d) *Actinomyces spp.*

En MADTEST tienes **más preguntas de este tema, comentadas y argumentadas**, y todos tus avances quedan registrados y se reflejan en el ranking.

¡Supera tus límites con MADTEST!

A continuación te presentamos algunos ejemplos de preguntas comentadas:

13. *Neisseria gonorrhoeae* se identifica en frotis por:

a) Cocos en cadenas.
b) Diplococos intracelulares.
c) Levaduras con gemación.
d) Bacilos pleomórficos.

Respuesta correcta: b) Diplococos intracelulares.

Comentario: Los diplococos adoptan una forma arriñonada y se localizan dentro de neutrófilos o células epiteliales, reflejo de su capacidad invasiva.

14. *Candida albicans* suele mostrar en citología:

a) Hifas y pseudohifas.
b) Diplococos.
c) Inclusiones virales.
d) Cuerpos de Michaelis-Gutmann.

Respuesta correcta: a) Hifas y pseudohifas.

Comentario: La coexistencia de levaduras y filamentos orienta hacia infección activa. Las hifas representan un estadio invasivo, mientras que las pseudohifas indican proliferación activa y transición morfológica típica de infección.

15. En *Candida glabrata* es característico encontrar:

a) Hifas ramificadas.
b) Levaduras intracitoplasmáticas en PMN.
c) Coilocitos.
d) Bacilos acidorresistentes.

Respuesta correcta: b) Levaduras intracitoplasmáticas en PMN.

Comentario: A diferencia de C. albicans, esta especie no produce hifas, y su presencia dentro de neutrófilos indica fagocitosis activa.

Solución al test n.º 33

1. b) Leucorrea.

2. c) Inflamación activa.

3. b) Células gigantes de cuerpo extraño.

4. a) Alteración epitelial.

5. a) Eosinofilia focal.

6. b) Metaplasia escamosa.

7. c) Pseudosincitios.

8. b) Ausencia de núcleo.

9. a) Las células presentan núcleo conservado.

10. d) Lactobacillus acidophilus.

11. a) Embarazo.

12. a) Gardnerella vaginalis.

13. b) Diplococos intracelulares.

14. a) Hifas y pseudohifas.

15. b) Levaduras intracitoplasmáticas en PMN.

Citología clínica: citología exfoliativa del aparato respiratorio, del aparato digestivo, de los derrames, de orina y de otras localizaciones

1. Las células de citopatología respiratoria se obtienen por:

a) Exfoliación espontánea.
b) Biopsia.
c) PAAF.
d) Todas son correctas.

2. Una vez que se ha extendido el esputo en el portaobjetos:

a) Se observará al microscopio.
b) Se realizará tinción de Papanicolaou.
c) Se fijará en alcohol de 96º durante 20 a 60 minutos.
d) Normalmente se realiza una sola extensión que se teñirá.

3. El método de Saccomanno:

a) Este método está indicado para tratar de estudiar poblaciones con alto riesgo de cáncer broncogénico.
b) Es la técnica más recomendada para mejorar los resultados en las muestras de esputo para estudio citológico.
c) El paciente deposita el esputo directamente en un tubo de plástico con 50 ml de una solución fijadora constituida por 48 ml de alcohol etílico al 50 %, 2 ml de propilenglicol al 2 % (carbowax) y 3 mg de rinfampicina.
d) Todas son correctas.

4. ¿Cuáles son las células que han de estar presentes en un esputo para que este se considere valorable?

a) Células escamosas.
b) Células caliciformes.
c) Macrófagos.
d) Cilíndricas ciliadas.

5. El tumor más frecuente del esófago es:

a) Adenocarcinoma.
b) Sarcoma.
c) Carcinoma epidermoide.
d) Carcinoma neurosecretor.

6. La citología normal del estómago presenta:

a) Epitelio cilíndrico con citoplasmas claros y núcleos redondeados.
b) Epitelio pseudoestratificado.
c) Células escamosas con epitelio queratinizado.
d) Todas son correctas.

7. Las células de Küpffer:

a) Se encuentran en el hígado.
b) Son PAS + después de digestión con amilasa.
c) Son macrofágos.
d) Todas son correctas.

8. La citología de las secreciones y líquidos tiene por objeto:

a) Diagnosticar enfermedades de epitelios de recubrimiento.
b) Identificar las células del cuerpo humano desprendidas de los epitelios que revisten estructuras de órgano abiertas al exterior.
c) Identificar las células de los endotelios que revisten cavidades orgánicas.
d) Todas son correctas.

9. Si al realizar una extensión de una muestra de líquido esta es muy sanguinolenta:

a) Se desecha.
b) Se lisan los hematíes.
c) Se introduce el extendido en líquido Bouin.
d) Las respuestas b) y c) son correctas.

10. Los líquidos de las serosas, una vez que llegan al laboratorio:

a) Si no se van a procesar se pueden refrigerar o congelar.
b) Se montan dos muestras con Cytospin.
c) Se tiñen con HE.
d) Todas son correctas.

11. El citomegalovirus:

a) Afecta a las células de los túbulos renales.
b) Afecta a la vejiga.
c) Afecta a la uretra.
d) Afecta al riñón.

12. El adenocarcinoma de células claras o hipernefroma, es denominado:

a) Carcinoma de células renales.
b) Nefroblastoma.
c) Sarcoma.
d) Rabdomiosarcoma.

En MADTEST tienes **más preguntas de este tema, comentadas y argumentadas**, y todos tus avances quedan registrados y se reflejan en el ranking.

¡Supera tus límites con MADTEST!

A continuación te presentamos algunos ejemplos de preguntas comentadas:

13. La metaplasia escamosa en el árbol bronquial se manifiesta por:

a) Sustitución del epitelio normal (pseudoestratificado ciliado) por epitelio escamoso.
b) Cambio en la estructura celular caracterizado por la pérdida de diferenciación y la vuelta a una forma más primitiva.
c) Cambio de un epitelio maduro a otro maduro que puede tener un parentesco próximo o remoto.
d) Todas son correctas.

Respuesta correcta: a) Sustitución del epitelio normal (pseudoestratificado ciliado) por epitelio escamoso.

La metaplasia escamosa es un proceso en el que un tipo de tejido maduro es reemplazado por otro tipo de tejido maduro, en este caso, el epitelio pseudoestratificado ciliado del árbol bronquial se transforma en un epitelio escamoso. Este cambio puede ser una respuesta adaptativa a la irritación crónica del epitelio respiratorio.

14. El quiste hidatídico es producido por:

a) *Enterobius vermiculatis*.
b) *Echinococcus granulosus*.

c) Amebas.
d) Por todo lo anterior.

Respuesta correcta: b) *Echinococcus granulosus*.

El quiste hidatídico es una enfermedad parasitaria causada por el gusano *Echinococcus granulosus*. Estos quistes se forman principalmente en el hígado y el pulmón, pero también pueden encontrarse en otros órganos. Es una enfermedad grave que puede provocar complicaciones graves si no se trata adecuadamente.

15. La tinción habitual de la orina es:

a) Giemsa.
b) Gram.
c) Papanicolaou.
d) HE.

Respuesta correcta: c) Papanicolaou.

En citodiagnóstico, la tinción habitual de la orina es el método de Papanicolaou. Este método de tinción permite visualizar las células presentes en la muestra de orina y evaluar su morfología con mayor claridad. La tinción de Papanicolaou es ampliamente utilizada en la detección de células anormales en muestras citológicas, incluidas las de orina, lo que la convierte en una técnica fundamental en el análisis de muestras urinarias para diagnosticar diversas patologías.

Solución al test n.º 34

1. d) Todas son correctas.

2. c) Se fijará en alcohol de 96º durante 20 a 60 minutos.

3. d) Todas son correctas.

4. c) Macrófagos.

5. c) Carcinoma epidermoide.

6. a) Epitelio cilíndrico con citoplasmas claros y núcleos redondeados.

7. d) Todas son correctas.

8. b) Identificar las células del cuerpo humano desprendidas de los epitelios que revisten estructuras de órgano abiertas al exterior.

9. b) Se lisan los hematíes.

10. b) Se montan dos muestras con Cytospin.

11. a) Afecta a las células de los túbulos renales.

12. a) Carcinoma de células renales.

13. b) Cambio en la estructura celular caracterizado por la pérdida de diferenciación y la vuelta a una forma más primitiva.

14. b) *Echinococcus granulosus*.

15. c) Papanicolaou.

Histología, citología y citopatología de mama, tiroides, ganglio linfático, partes blandas, obtenidas por punción y aspiración con aguja fina (PAAF)

1. ¿Cuál de los siguientes patrones de crecimiento se observa en el carcinoma ductal *in situ*?

a) Lobular sólido.
b) Anular infiltrativo.
c) Tubular alveolar.
d) Cribiforme.

2. ¿Cuál de los siguientes patrones citológicos es más compatible con carcinoma medular?

a) Células pequeñas basófilas en láminas.
b) Células grandes, irregulares, con nucléolos prominentes y fondo inflamatorio.
c) Células uniformes con núcleo picnótico.
d) Grupos celulares redondeados con citoplasma amplio y claro.

3. ¿Qué subtipo de carcinoma de mama puede simular clínicamente una mastitis?

a) Carcinoma tubular.
b) Carcinoma mucinoso.
c) Carcinoma inflamatorio.
d) Carcinoma medular.

4. ¿Qué hallazgo inmunohistoquímico es útil para diferenciar carcinoma lobulillar de ductal?

a) Sobreexpresión de p53.
b) Presencia de E-cadherina en membrana celular.
c) Positividad para receptores androgénicos.
d) Tinción de Ki-67 por debajo del 10 %.

5. ¿Cuál de los siguientes marcadores moleculares indica proliferación celular activa en carcinoma mamario?

a) Estrogen receptor (ER).
b) HER2/neu.
c) p53.
d) Ki-67.

6. ¿Cuál de los siguientes subtipos histológicos suele presentar citología escasamente celular y poco diagnóstica?

a) Carcinoma medular.
b) Carcinoma tubular.
c) Carcinoma mucinoso.
d) Carcinoma lobulillar invasor.

7. ¿Qué patrón estructural es característico del carcinoma tubular en histología?

a) Células en nidos con citoplasma vacuolado.
b) Túbulos angostos, bien formados, con núcleos alineados.
c) Células en placas con necrosis central.
d) Proliferaciones sólidas con halo peritumoral.

8. ¿Qué subtipo histológico presenta a menudo células en anillo de sello en su citología?

a) Carcinoma mucinoso.
b) Carcinoma lobulillar invasor.
c) Carcinoma apocrino.
d) Carcinoma papilar.

9. ¿Qué tipo de carcinoma se asocia más frecuentemente con carcinoma de mama bilateral y multicéntrico?

a) Carcinoma ductal infiltrante.
b) Carcinoma mucinoso.
c) Carcinoma lobulillar invasor.
d) Carcinoma tubular.

10. ¿Cuál es el componente principal del coloide presente en los folículos tiroideos?

a) Triyodotironina (T3).
b) Tirotropina (TSH).
c) Calcitonina.
d) Tiroglobulina.

11. ¿Qué patología tiroidea se asocia con una fibrosis extensa que reemplaza el parénquima normal y se extiende a estructuras cervicales vecinas?

a) Tiroiditis linfocitaria subaguda.
b) Tiroiditis de Riedel.
c) Tiroiditis de Hashimoto.
d) Tiroiditis de De Quervain.

12. ¿Cuál de los siguientes signos clínicos se asocia con el hipertiroidismo?

a) Aumento de peso, intolerancia al frío, depresión.
b) Letargo, bradicardia, mixedema.
c) Pérdida de peso, intolerancia al calor, taquicardia.
d) Cretinismo, piel seca, edema periorbitario.

En MADTEST tienes **más preguntas de este tema, comentadas y argumentadas**, y todos tus avances quedan registrados y se reflejan en el ranking.

¡Supera tus límites con MADTEST!

A continuación te presentamos algunos ejemplos de preguntas comentadas:

13. ¿Qué hallazgo citológico es característico en un quiste tiroideo puro tras centrifugar su contenido?
a) Predominio de linfocitos maduros.
b) Numerosos eosinófilos y células plasmáticas.
c) Macrófagos, algunos con hemosiderina, y escasas células foliculares.
d) Abundantes células oncocíticas y escaso coloide.

Respuesta correcta: c) Macrófagos, algunos con hemosiderina, y escasas células foliculares.

El contenido citológico típico de un quiste tiroideo puro muestra un fondo seroso con predominio de macrófagos, a veces cargados de pigmento hemosiderínico por hemorragias previas, y escasa celularidad epitelial. Este patrón ayuda a diferenciar los quistes benignos de otras lesiones más complejas.

14. ¿Cuál es el principal objetivo clínico de la PAAF en el estudio del nódulo tiroideo?

a) Determinar el tipo histológico exacto del tumor.
b) Confirmar la presencia de hipertiroidismo.

c) Diferenciar entre lesiones que requieren cirugía inmediata y las que no.

d) Detectar la invasión capsular del tumor.

Respuesta correcta: c) Diferenciar entre lesiones que requieren cirugía inmediata y las que no.

La PAAF tiroidea permite clasificar los nódulos en benignos, sospechosos o malignos. Su valor reside en discriminar qué pacientes deben someterse a cirugía, evitando intervenciones innecesarias. Sin embargo, no permite valorar invasión capsular o vascular, por lo que no distingue entre adenoma y carcinoma folicular, lo cual requiere biopsia quirúrgica.

15. En el melanoma metastásico, ¿cuál de los siguientes tipos celulares puede mostrar un hábito "plasmocitoide"?

a) Tipo fusiforme.

b) Tipo pleomórfico.

c) Tipo epitelioide.

d) Tipo de células pequeñas.

Respuesta correcta: c) Tipo epitelioide.

El melanoma tipo epitelioide presenta células poligonales con citoplasma denso, núcleo atípico y nucléolos prominentes. Su localización excéntrica puede simular células plasmáticas, lo que le confiere un aspecto "plasmocitoide". Este tipo es frecuente en metástasis ganglionares cervicales y debe diferenciarse de otras neoplasias de origen epitelial.

Solución al test n.º 35

1. d) Cribiforme.

2. b) Células grandes, irregulares, con nucléolos prominentes y fondo inflamatorio.

3. c) Carcinoma inflamatorio.

4. b) Presencia de E-cadherina en membrana celular.

5. d) Ki-67.

6. d) Carcinoma lobulillar invasor.

7. b) Túbulos angostos, bien formados, con núcleos alineados.

8. b) Carcinoma lobulillar invasor.

9. c) Carcinoma lobulillar invasor.

10. d) Tiroglobulina.

11. b) Tiroiditis de Riedel.

12. c) Pérdida de peso, intolerancia al calor, taquicardia.

13. c) Macrófagos, algunos con hemosiderina, y escasas células foliculares.

14. c) Diferenciar entre lesiones que requieren cirugía inmediata y las que no.

15. c) Tipo epitelioide.

Técnicas especiales en citología. La inmunocitoquímica en citología diagnóstica. Citometría de flujo. Técnicas de diagnóstico molecular. Métodos de citometría digital y análisis de imagen

1. La inmunocitoquímica:

a) Es un conjunto de técnicas diseñadas para identificar constituyentes antigénicos mediante el empleo de anticuerpos.

b) Es un conjunto de técnicas diseñadas para identificar anticuerpos mediante el empleo de constituyentes antigénicos.

c) Es un conjunto de técnicas diseñadas para identificar antígenos tisulares.

d) Es un conjunto de técnicas diseñadas para identificar anticuerpos tisulares.

2. Señala la respuesta correcta:

a) La inmunohistoquímica se emplea sobre cultivos celulares.

b) La diferencia entre la inmunocitoquímica y la inmunohistoquímica es que en la primera se demuestran antígenos tisulares y en la segunda antígenos celulares.

c) Solo se usa la inmunoglobulina E en la inmunocitoquímica.

d) Ninguna es cierta.

3. El dietielamina o glicina-HC:

a) Es un aldehído unido a una proteína.

b) Es una solución tampón que se usa en la obtención de anticuerpos.

c) Forman el grupo fosfato de los aminoácidos.

d) Es una enzima.

4. La citometría de flujo:

a) Es una técnica de análisis de los componentes estructurales de las células, mediante fenómenos ópticos.

b) Permite analizar un elevado número de células y proporciona un registro computarizado de los de los resultados.

c) Es una herramienta muy útil en los laboratorios de Hematología y Anatomía Patológica.
d) Todas son correctas.

5. La citometría de flujo permite:

a) La determinación de Ag de superficie y, por tanto, es utilizada en el inmunotipaje de leucemias agudas y síndromes linfoproliferativos crónicos.
b) La cuantificación del ADN y ARN.
c) La determinación de la actividad proliferativa de la población celular.
d) Todas son correctas.

6. En inmunohistoquímica determinamos:

a) Haptenos.
b) Anticuerpos.
c) Complemento.
d) Cualquier sustancia que podamos hacer antigénica.

7. En inmunohistoquímica se utiliza la inmunoglobulina:

a) M.
b) G.
c) D.
d) E.

8. En inmunohistoquímica siempre que se pueda se deben elegir:

a) Anticuerpos monoclonales.
b) Anticuerpos policlonales.
c) Mezclas de antígenos y anticuerpos.
d) Mezclas de antígenos con complemento.

9. El RICH utiliza:

a) Propiedades fluorescentes de determinadas moléculas.
b) Enzimas.
c) Isótopos.
d) Elementos iónicos.

10. La citometría de flujo (CMF):

a) Es una técnica de análisis celular multiparamétrico cuyo fundamento se basa en hacer pasar una suspensión únicamente de células, alineadas y de una en una por delante de un haz de láser focalizado.
b) Es una técnica que se emplea para el análisis cualitativo y cuantitativo de células y partículas y para clasificar y separar células.

c) Se utiliza para el análisis de los distintos tipos celulares en una mezcla o suspensión, según las particularidades de los diferentes tipos celulares.

d) Las respuestas b) y c) son correctas.

11. Señala cuál de los siguientes en un método que puede poner de manifiesto los antígenos:

a) Inmunofluorescencia.
b) Inmunoenzimología.
c) Radioinmunocitoquímica.
d) Todos son métodos.

12. La técnica PAP, peroxidasa anti-peroxidasa, es utilizada en:

a) Fluorescencia.
b) Inmunofluorescencia.
c) Inmunoenzimología.
d) Radioinmunología.

En MADTEST tienes **más preguntas de este tema, comentadas y argumentadas**, y todos tus avances quedan registrados y se reflejan en el ranking.

¡Supera tus límites con MADTEST!

A continuación te presentamos algunos ejemplos de preguntas comentadas:

13. El método para detectar anticuerpos o antígenos a concentraciones muy bajas es:

a) PAP.
b) Elisa.
c) Avidina-Biotina.
d) PCR.

Respuesta correcta: b) Elisa.

El método ELISA (Enzyme-Linked Immunosorbent Assay) es una técnica inmunoenzimática utilizada para detectar la presencia de anticuerpos o antígenos en muestras biológicas. Es altamente sensible y específico, lo que lo hace ideal para detectar concentraciones muy bajas de sustancias.

14. Para visualizar las muestras en Inmunofluorescencia se utiliza:

a) Microscopio óptico.
b) Microscopio invertido.
c) Microscopio de fluorescencia.
d) Objetivo de inmersión.

Respuesta correcta: c) Microscopio de fluorescencia.

La técnica de inmunofluorescencia utiliza anticuerpos marcados con fluorocromos para detectar antígenos específicos en muestras biológicas. Para visualizar las muestras teñidas con fluorocromos, se requiere un microscopio especializado llamado microscopio de fluorescencia, que puede detectar la emisión de luz fluorescente de las muestras.

15. La característica principal de la citometría de flujo es:

a) Ofrece información simultánea de varios parámetros de cada una de las células analizadas y la relación entre los de una célula y los de otra también analizada.
b) Ofrece información simultánea de varios parámetros de cada una de las células analizadas y sin relación entre los de una célula y los de otra también analizada.
c) Ofrece información alterna de varios parámetros de cada una de las células analizadas y la relación entre los de una célula y los de otra también analizada.
d) Todas son incorrectas.

Respuesta correcta: d) Polimorfonucleares.

La citometría de flujo es una técnica utilizada para analizar las características físicas y químicas de las células individuales en una suspensión. Permite analizar múltiples parámetros de cada célula, como tamaño, forma, complejidad, y la expresión de marcadores celulares, de forma rápida y eficiente.

Solución al test n.º 36

1. a) Es un conjunto de técnicas diseñadas para identificar constituyentes antigénicos mediante el empleo de anticuerpos.

2. b) La diferencia entre la inmunocitoquímica y la inmunohistoquímica es que en la primera se demuestran antígenos tisulares y en la segunda antígenos celulares.

3. b) Es una solución tampón que se usa en la obtención de anticuerpos.

4. d) Todas son correctas.

5. d) Todas son correctas.

6. d) Cualquier sustancia que podamos hacer antigénica.

7. b) G.

8. a) Anticuerpos monoclonales.

9. c) Isótopos.

10. d) Las respuestas b) y c) son correctas.

11. d) Todos son métodos.

12. c) Inmunoenzimología.

13. b) Elisa.

14. c) Microscopio de fluorescencia.

15. a) Ofrece información simultánea de varios parámetros de cada una de las células analizadas y la relación entre los de una célula y los de otra también analizada.

La fotografía en anatomía patológica. Fotografía macroscópica y microfotografía (óptica, fluorescencia, la microfotografía en microscopía electrónica)

1. ¿Qué ventaja tiene la digitalización de imágenes en la anatomía patológica?

a) Almacenamiento limitado.
b) Dificultad para duplicar imágenes.
c) Facilidad para incluir imágenes en informes.
d) Mayor riesgo de deterioro de las imágenes.

2. ¿Qué permite la patología digital en el ámbito del trabajo clínico?

a) Almacenamiento limitado de datos.
b) Diagnósticos exclusivamente presenciales.
c) Diagnósticos remotos y segundas opiniones.
d) Incremento de errores humanos.

3. ¿Cuál es una función del Sistema de Gestión de Información Patológica (PIMS)?

a) Reducir la calidad de imagen.
b) Facilitar la integración con registros médicos electrónicos (EMR).
c) Limitar el acceso a datos clínicos.
d) Aumentar el riesgo de pérdida de datos.

4. ¿Qué ventaja ofrece el almacenamiento en la nube de imágenes digitales?

a) Almacenamiento local limitado.
b) Dificultad para compartir imágenes.
c) Facilita el acceso remoto y la colaboración.
d) Riesgo elevado de pérdida de datos.

5. ¿Qué tipo de imágenes permite obtener el escaneo de portaobjetos de vidrio tradicionales?

a) Imágenes de baja resolución.
b) Imágenes de alta resolución.
c) Imágenes únicamente en blanco y negro.
d) Imágenes limitadas en detalles.

6. ¿Cuál es una ventaja de la fotografía digital en comparación con la fotografía convencional en anatomía patológica?

a) Mayor costo de almacenamiento.
b) Proceso de revelado obligatorio.
c) Posibilidad de duplicar imágenes sin pérdida de calidad.
d) Menor resolución de las imágenes.

7. ¿Qué unidad se utiliza para medir la resolución de una imagen digital?

a) Granos por pulgada (gpi).
b) Líneas por pulgada (lpi).
c) Puntos por pulgada (ppi).
d) Puntos por pulgada (dpi).

8. ¿Qué tipo de sensor no necesita un convertidor analógico a digital (ADC) externo?

a) CCD.
b) CMOS.
c) LPI.
d) DPI.

9. ¿Qué determina la calidad de una imagen digital capturada en anatomía patológica?

a) La marca del microscopio.
b) El tamaño del chip y la densidad de píxeles.
c) La antigüedad del equipo.
d) El tipo de muestra observada.

10. ¿Qué ventaja ofrece la digitalización de preparaciones histológicas en la microscopia virtual?

a) Mayor fragilidad de las preparaciones.
b) Menor calidad de imagen.

c) Durabilidad y facilidad de acceso.
d) Dificultad para compartir imágenes.

11. ¿Cuál es una característica del microscopio de fluorescencia?

a) Menor sensibilidad que el microscopio óptico.
b) Uso de luz láser para iluminar las muestras.
c) Incapacidad para visualizar antígenos específicos.
d) Menor resolución que el microscopio de campo claro.

12. ¿Qué componente del microscopio confocal ayuda a eliminar la luz procedente de planos no enfocados?

a) CCD.
b) CMOS.
c) Pinhole.
d) LPI.

En MADTEST tienes **más preguntas de este tema,
comentadas y argumentadas**, y todos tus avances quedan registrados y se reflejan en el ranking.

¡Supera tus límites con MADTEST!

A continuación te presentamos algunos ejemplos de preguntas comentadas:

13. ¿Qué tipo de cámaras utilizan CCD y CMOS como sensores?

a) Cámaras analógicas.
b) Cámaras de vídeo digitales.
c) Cámaras estenopeicas.
d) Cámaras de filmación en 3D.

Respuesta correcta: b) Cámaras de vídeo digitales.

Las cámaras de vídeo digitales utilizan sensores CCD (Charge-Coupled Device) y CMOS (Complementary Metal-Oxide-Semiconductor) para capturar y digitalizar imágenes. Los sensores CCD son conocidos por su alta calidad de imagen y baja generación de ruido, lo que los hace ideales para aplicaciones donde la fidelidad de la imagen es crítica, como en la microscopía. Los sensores CMOS, por otro lado, integran la conversión de datos analógicos a digitales en el propio sensor, lo que permite una mayor velocidad de captura y menor consumo de energía. Ambos tipos de sensores tienen sus propias ventajas y son utilizados según las necesidades específicas de la aplicación en la videografía y la captura de imágenes digitales de alta resolución.

14. ¿Qué permite el uso de microscopios virtuales en la enseñanza de la anatomía patológica?

a) Exclusivo uso de imágenes en papel.
b) Limitación en la distribución de imágenes.
c) Fácil acceso a imágenes digitales para educación.
d) Reducción de la precisión en la enseñanza.

Respuesta correcta: c) Fácil acceso a imágenes digitales para educación.

Los microscopios virtuales permiten un fácil acceso a imágenes digitales de alta calidad, lo que facilita la enseñanza y el aprendizaje en anatomía patológica. Estas herramientas permiten a los estudiantes y profesores acceder a una amplia variedad de preparaciones histológicas y citológicas sin necesidad de manipular muestras físicas, que pueden ser frágiles y difíciles de compartir. La posibilidad de visualizar y analizar imágenes digitalizadas en cualquier momento y lugar mejora la flexibilidad y eficiencia del proceso educativo. Además, los microscopios virtuales pueden integrarse con plataformas de aprendizaje en línea, lo que amplía las oportunidades de colaboración y el acceso a recursos educativos.

15. ¿Qué componente no es parte de un dispositivo de microscopia virtual de alta resolución?

a) Sistema de captura fotográfica.
b) Software de control del proceso de escaneado.
c) Sistema de revelado químico.
d) Visor de preparaciones digitales.

Respuesta correcta: c) Sistema de revelado químico.

Un sistema de revelado químico no es parte de un dispositivo de microscopia virtual de alta resolución, ya que este utiliza captura fotográfica y software para digitalizar las preparaciones. Los dispositivos de microscopía virtual se basan en la digitalización de imágenes mediante sistemas de captura fotográfica de alta resolución, que permiten convertir preparaciones físicas en archivos digitales. El software de control del proceso de escaneado asegura que las imágenes sean capturadas con la máxima calidad y precisión, y el visor de preparaciones digitales facilita la visualización, análisis y anotación de las imágenes. El revelado químico, en cambio, es un proceso utilizado en la fotografía tradicional y no se aplica en la captura y procesamiento de imágenes digitales en microscopía.

Solución al test n.º 37

1. c) Facilidad para incluir imágenes en informes.

2. c) Diagnósticos remotos y segundas opiniones.

3. b) Facilitar la integración con registros médicos electrónicos (EMR).

4. c) Facilita el acceso remoto y la colaboración.

5. b) Imágenes de alta resolución.

6. c) Posibilidad de duplicar imágenes sin pérdida de calidad.

7. d) Puntos por pulgada (dpi).

8. b) CMOS.

9. b) El tamaño del chip y la densidad de píxeles.

10. c) Durabilidad y facilidad de acceso.

11. b) Uso de luz láser para iluminar las muestras.

12. c) Pinhole.

13. b) Cámaras de vídeo digitales.

14. c) Fácil acceso a imágenes digitales para educación.

15. c) Sistema de revelado químico.

Cómo acceder al Curso

Técnico/a Especialista en Anatomía Patológica
Test del temario

El uso de los códigos **es exclusivo de los compradores de los productos de Editorial MAD**. Cada producto posee un código único y de un solo uso. Es personal e intransferible y da acceso a servicios y contenidos adicionales. Editorial MAD se reserva el derecho de hacer cuantas comprobaciones sean necesarias para identificar al legítimo poseedor del código y dejar de dar servicio a quien haga uso fraudulento del mismo, además de emprender cuantas acciones legales estime oportunas según la legislación vigente.

Deberás acceder a:

mad.es/registro-campus

Si una vez aceptadas las condiciones de uso del Campus decides hacer uso del mismo, necesitarás del siguiente código de acceso junto con los códigos del resto de títulos que se exigen (si fuera el caso):

L1CEHXNGW2